KB231658

창의적 협상

조강희 · 조원희 지음

가림출판사

협상이라는 것을 자신과는 무관한 것으로 느끼는 사람들이 많은 것 같다. 국가간이나 기업간의 협상과 같이 공식적이고 큰 규모의 무거운 문제들만을 다루는 것으로 생각하거나 어떤 법률적인 분쟁이 생겼을 때 이를 해결하기 위해서 하는 것이 협상이라고 생각하기 때문일 것이다. 하지만 협상은 우리의 생활에서 멀리 떨어져 있는 전문가들만의 영역이 아니다. 시장에서 물건을 사기 위해 가격 흥정을 하는 것도 협상일 수 있고, 친구와 어떤 영화를 볼 것인지 결정하기 위해서도 협상한다. 또한 영업 사원은 회사의 물건을 팔기 위해, 소비자들은 원하는 물건을 사기 위해서도 협상한다. 가족간의 오해가 생겼을 때나 회사에서 부서간의 협의를 위해서도 협상을 한다. 이렇듯 협상은 우리 일상생활의 일부이며 협상의 기술은 이러한 일상생활에서 부딪치는 다양한 문제들을 성공적으로 해결해 나갈 수 있게 도와주는 아주 소중한 삶의 도구일 수 있다. 그러나 그 중요성에 비해 많은 사람들이 협상의 가치와 의미를 제대로 이해하지 못하는 경우가 많은 것이 현실이다. 설령 협상의 의미를 명확하게 이해하고 있는 사람들이라 하더라도 공통적으로 가지고 있는 문제는 바로 협상을 어렵다고 느끼는 것이다.

필자들은 IT 기업의 협상 및 계약 전문가로서, 또 대형 로펌의 변호사로서 많은 협상에 관여하여 왔다. 직접 협상을 진행한다거나 협상의 법률적 쟁점에 대한 자문을 하기도 하였으며, 막후에서 협상에 관한 다양한 조언들을 제시했던 경험을 갖고 있다. 그러면서 성공적인 협상의 수행을 위해서 필요한 것은 무엇인지에 대한 이론적인 검토와 함께 이를 실무에 실제로 적용해 보는 과정을 통해서 사람들이 협상을 어렵게 느끼는 이유와 그 해결책들을 찾아 보려고 노력해 왔다.

이 책에서는 많은 협상을 통해서 보고 느낀 문제점들을 중점적으로 다루는 한편, 모든 사람들이 협상을 쉽게 이해하고, 실제 생활속의 협상에 적용해 볼 수 있도록 구성하였다. 왜 협상을 어렵게 느끼는지 다양한 측면에서 알아 보았으며, 그 어려움을 극복할 수 있는 방법을 알기 쉽게 설명해 보았다. 협상은 단순히 분쟁을 해결하거나 주어진 것을 나누기 위한 분배의 도구가 아니다. 새로운 가치를 찾아내고 창조하기 위한 도구이다. 진정한 협상의 기술은 상대방을 이기기 위한 싸움과 대결의 기술이 아니라 서로의 가치를 확대하고 목적을 달성하도록 도와주는 배려의 기술이다. 아무쪼록 이 책이 많은 분들에게 협상에 대한 새로운 시각을 보여주며, 끊임없이 다가오는 생활 속의 많은 협상의 문제들에 대해 생산적이고 창의적으로 해결해 나갈 수 있는 방법을 제시하여 성공적인 삶이 가능하게 된다면 필자들로서는 더할 나위 없이 감사할 것이다.

　마지막으로, 항상 이해와 기도를 통해 가르침을 주신 부모님과, 사랑으로 소중한 조언을 아끼지 않았던 가족과 친구, 이 책이 있기까지 많은 도움과 기회를 갖게 해준 애질런트 테크놀로지스와 법무법인 태평양, 가림출판사에 감사를 드린다. 또한 미로와 같은 삶의 여정 속에서도 여기까지 인도해 주신 하나님께 큰 감사를 드린다. 삶이 깊어질수록 너무나 많은 사랑의 빚을 지고 있다는 것을 깨닫게 된다.

조강희 · 조원희

차
례

제5장 창의적으로 협상하라. 협상은 배려의 기술이다 · 127

협상은
왜 어려운 것일까

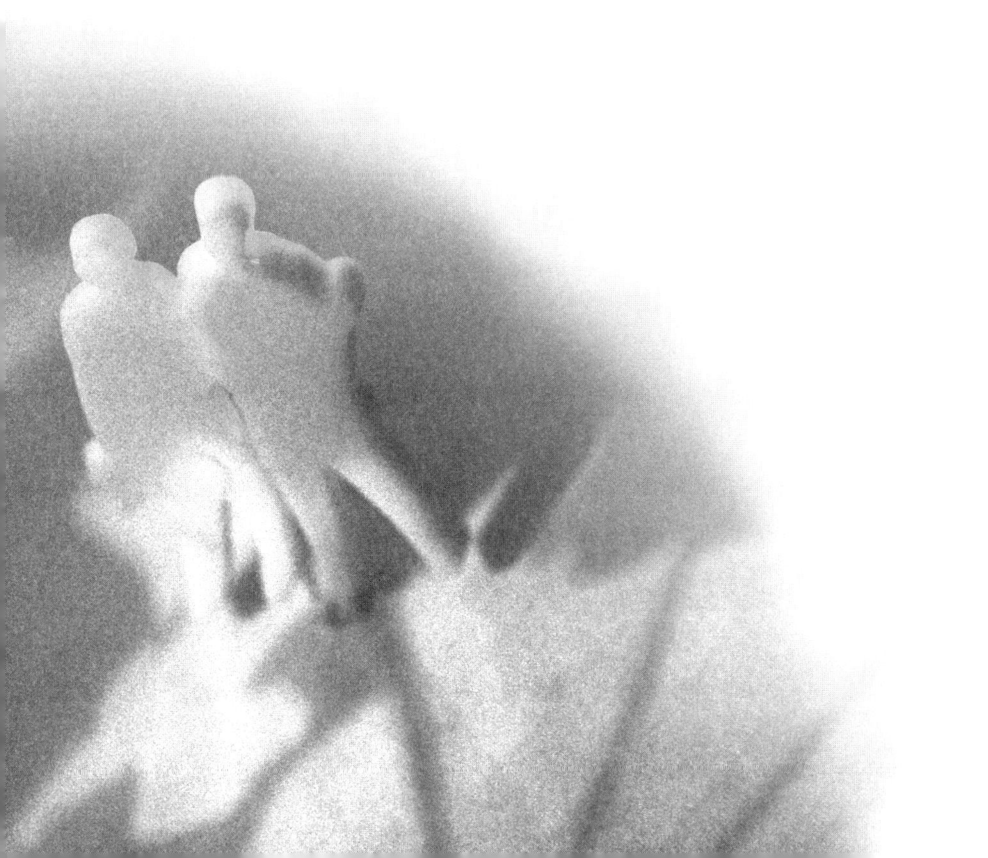

협상은 일상생활이다.
매일 하면서도 가장 어려운 것의 하나가 바로 협상이다.

우리는 불안하다. 회사에서는 이번 달 실적도 좋지 않으면 구조조정이 있을지도 모른다는 으름장을 놓고, 고객들은 사정이 어렵다며 가격을 깎지 않으면 사지 않겠다고 버틴다. 낯선 거래선을 찾아가면 왠지 무시당하는 것 같기도 하고, 인사말을 꺼내는 것조차 어렵게만 느껴진다. 제품에 작은 문제만 발생해도 고객들은 불평을 늘어놓고 어떻게 처리해야 할지 몰라 미안하다는 말만 되풀이 하다 허탈하게 전화를 끊는다. 먼 친척으로부터 보험을 시작했는데 좀 들어줄 수 없느냐는 전화를 받는다. 거절을 하자니 관계가 나빠질 것만 같고, 그렇다고 흔쾌히 들어주기에는 주머니 사정이 여유가 없다. 자신이 무기력하게 느껴진다. 회사에선 어렵게 이야기를 꺼낸 연봉인상도 사정이 안 좋으니 내년에나 생각하자며 거절당하고, 가벼운 월급봉투는 하루하루 생활하기에도 빠듯하다. 주변에 보면 모두 자신이 원하는 것을 척척 얻어내는 사람들이 많은 것 같은데, 어쩐 일인지 나만 마음대로 되지 않는 것 같다. 상대방의 부탁에는 이리저리 끌려 다니다가도 내가 뭔가를 부탁해야 할 때는 선뜻 되지도 않고, 어렵게 꺼낸 부탁은 일언지하에 거절을 당한다. 괜히 바보같이 손해만 보면서 사는 것 같아 분하다.

그럼 어떻게 하면 내가 원하는 것을 단호하게 요구하면서도 상대방과의 좋은 관계는 유지할 수 있을까? 어떻게 하면 내가 원하는 것을 얻으면서도 이기적이라거나 섭섭하다는 말을 듣지 않을 수 있을까? 더 나아가, 상대방으로부터 '고맙다' 라는 말을 들으면서도 내가 원하는 것을 얻어 낼 수 있는 방법은 없을까?

무언가 원하는 것이 있으면 협상은 시작된다. 흥정이 일상생활인 영업사원이 아니더라도, 물건을 사기 위해서도 우리는 협상을 하며, 친구들과 어디에서 저녁을 먹을지, 가족들과는 주말에 어디로 여행을 갈지를 결정하기 위해서도 우리는 협상을 한다. 원하는 것이 있다면 이를 상대방에 요구하고 협상을 해야 하는 것이다. 따라서 협상이나 흥정은 삶의 일부요, 일상생활의 기술이며 원하는 삶을 살아가기 위해 가져야 할 중요한 기술의 하나인 것이다.

일상생활의 일부분인 이런 협상과 흥정이 왜 어렵게만 느껴지는 것일까? 내가 똑똑하지 못해서일까? 내가 경제적인 힘이 없어서일까? 아니면 협상에 대한 지식이 부족해서일까? 남들처럼 거짓말을 못하거나 거절을 못해서일까? 협상에 대한 지식을 쌓아도, 상대방을 설득할 수 있다는 기술들을 익혀도 실제로 누군가를 만나 이 지식들을 적용해보면 생각대로 되지 않는다. 아무리 감정을 자제하려고 해도 상대방이 화를 내면 답답하고 화가 난다. 상대방의 입장에서 생각해 보려고 해도, 분한 마음은 좀처럼 가시지 않는다. 상대방이 나를 무시하는 느낌이 들면 본때를 보여주고 싶다. 불쾌한 기분에 당장이라도 자리를 박차고 나가고 싶어진다. 아무것도 들리지 않고 상대방이 한 기분 나쁜 말들만이 귓가를 맴돈다. 하지만 거래를 끊겠다는 협박을 들으면 덜컥 겁이 난다. 순간 다른 생각은 다 사라지고, 어떻게 해서든 상대방의 마음을 되돌릴 수 없을까 하고 생각하게 된다. 만약 거래를 끊는다면 회사에서는 날 해고할지도 모른다. 온갖 수단을 동원해서라도 관계를 회복해야 한다는 생각에 휩싸이고 만다. 이런 실패의 원인들은 무엇일까? 대체 어떻게 해야 성공적인 협상을 할 수 있는 것일까?

협상에 대한 잘못된 이해와 편견

협상이 어려운 첫 번째 이유는 무엇보다도 우리가 가지고 있는 '협상' 혹은 '흥정'에 대한 잘못된 이해와 편견 때문이다. 어떤 사람들은 세상이 먹고 먹히는 약육강식의 논리가 지배하는 정글인 것처럼 협상 또한 하나의 목표를 이루기 위한 경쟁이나 다른 사람들과의 대결이라고 생각한다. 이 경쟁에서 이기기 위해서는 힘이 필요하며, 만약 힘이 없다면 이를 대신할 전술이라도 익혀야 한다고 생각한다. 상대방은 적이며 내가 지면 상대방은 승자가 되기 때문에 결코 물러서서는 안 되고, 자신의 입장에서 물러나는 것은 수치이며 약하다는 것을 인정하는 것이라고 생각한다. 어떤 사람들은 반대로 협상이나 흥정에 있어서 양보는 필수적인 것이며, 자신의 희생은 불가피한 것으로 본다. 어떤 희생이 따르더라도 합의를 이루어 내야만 하며, 이런 합의가 있어야만 좋은 인간관계를 만들 수 있다고 생각한다. 결과적으로 좋은 관계만 있으면 상대방이 자신의 원하는 것을 이해하고 해결해 줄 거라고 믿는다.

그렇다면 어떻게 해야 이런 편견에서부터 벗어날 수 있을까? 먼저 경쟁의 굴레에서 벗어나야 한다. 협상이 대결이나 싸움이라는 편견을 버려야 한다. 동시에 양보를 해야 한다는 생각도 버려야 한다. 양보를 해서라도 어떻게든 합의를 보아야 한다는 생각을 버려야 한다. 마지막으로 좋은 관계만 가지면 모든 것이 쉽게 해결될 거라는 환상도 버려야 한다.

인간에 대한 이해 부족

두 번째 이유는 인간에 대한 이해가 부족하기 때문이다. 유명한 경영 컨설턴트이자 베스트셀러의 저자인 짐 콜린즈(Jim Collins)는 "불확실성의 21세기에는 무엇보다도 중요한 자원은 바로 이러한 불확실성에 유연하고 능동적으로 대처할 수 있는 인간 자체이다."라고 말하고 있다. 세상에는 수많은 전략들이 있지만, 좀처럼 수많은 인간의 변수들, 상황의 변수들이 고려된 전략들을 찾아보기는 쉽지 않다. 특히 협상이 그렇다. 협상은 인간에 의해 행해진다. 인간이야말로 우주의 어떤 존재보다도 예측하기 어렵다. 따라서 인간이 일종의 기계와 같이 움직인다는 전제하에 만들어진 전략들은 성공적으로 적용되기가 어렵다는 것을 쉽게 이해할 수 있다. 협상은 명령을 받으면 한치의 오차도 없이 지시된 대로 수행할 수 있는 기계가 하는 것이 아니다. 아무리 좋은 전략을 가지고 진행한다고 하더라도 인간의 판단과 감정은 처음의 의도와는 다른 방향으로 전개되기가 쉽다. 따라서 인간의 사고, 판단, 감정에 대한 바른 이해가 없이는 결코 성공적인 협상을 기대할 수 없다.

대화 기술의 부족

또한 대화의 기술에 대한 이해가 필요하다. 협상은 대화를 통해서 이루어진다. 자신을 이해시키고 상대방을 이해하는 모든 과정이 바로 대화를 통해서 일어난다. 상대방에 대한 정보를 얻고 자신의 정보를 공유하는 과정도 대화를 통해서만 가능하다. 하지만 대화는 언어적인 메시지를 통해서만 이루어지는 것이 아니라 말투, 몸짓, 얼굴 표정 등의 다양한 비언어적 메시지를 포함한다. 따라서 대화의 과정에서도 많은 오해가 발생할 수 있고, 상대방에 대한 잘못된 이해는 협상을 더욱 어렵게 한다. 협상을 위한 효과적인 대화를 기술, 상대방을 정확하게 이해하는 기술 또한 중요한 성공적인 협상의 요소이다.

창의적 협상 기술의 부족

마지막으로 협상을 개념위주로만 이해하고 실제 협상에서 필요한 중요한 기본 기술들이 부족하기 때문이다. 많은 사람들이 무엇이 바람직한 협상의 모습인지를 개념적으로는 알고 있다. 하지만, 성공적인 협상을 만들어 낼 수 있는 실용적인 기술을 가지고 있는 사람들은 많지 않은 것 같다. 무엇보다도 새로운 해결방안을 만들어 낼 수 있는 창조적인 사고가 필요하다. 기존의 방식과는 다른 각도에서 문제를 바라보고 다양한 해결책을 고안해 낼 수 있는 창의적 기술을 가져야 한다. 또한 인간을 그림자와 같이 따라다니는 감정을 긍정적으로 이용할 줄 아는 기술이 필요하다. 대화를 통해 정보를 수집하고 공유하는 질문과 대답의 기술이 필요하다. 그리고 협상을 준비 · 계획하고, 상대방의 기존의 잘못된 전략들에 대응하며 창조적인 협상으로 이끌어 갈 수 있는 기본적 협상의 진행 기술이 필요하다.

협상에 대한 새로운 패러다임

인간에 대한 이해를 중심으로 협상에 대한 개념도 바뀌어야 한다. 협상을 바라보는 패러다임을 바꾸어야 한다. 단순히 어떤 기술만을 습득하는 것으로 협상을 잘 할 수 있다는 생각을 버려야 한다. 협상과 인간에 대한 진정한 이해 없이 일회성의 기술이나 상대방의 무지에 의존하는 요행을 바라서는 안 된다. 협상은 주어진 무언가를 어떻게 나눌까를 고민하고 분배하는 시험대가 아니다. 성공적인 협상에는 먹고 먹히는 그런 약육강식, 힘의 논리가 적용되지 않는다. 서로 이익 성취를 위해 노력하고 협상을 통해 그 가치가 더욱 확대

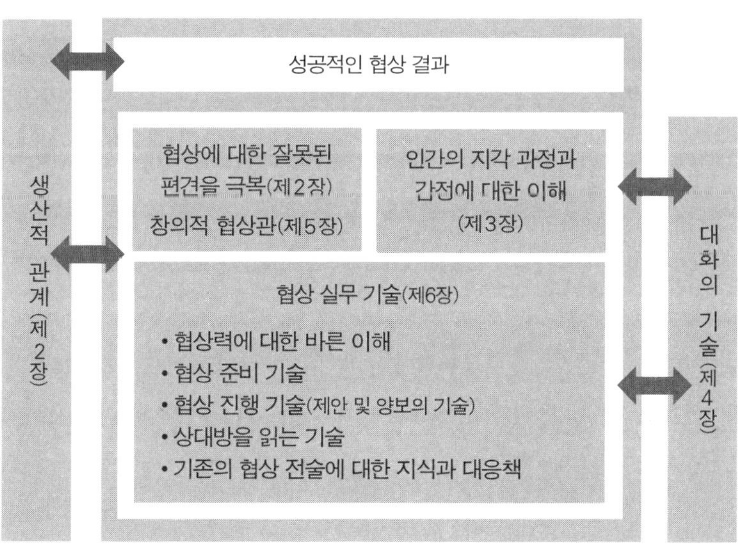

성공적인 협상의 요소

되는 그런 창조의 장이다. 경쟁이나 대결의 장소가 아니라, 서로의 입장과 이익을 생각하는 공존과 배려의 장이다.

이 책에서는 이러한 새로운 '창의적 협상'에 대한 이해를 돕고, 기존의 잘못된 협상에 대한 편견들을 버리게 해 줄 것이다. 또한 성공적인 협상을 위해 필요한 성공의 협상기술을 보여줄 것이다. 상대방과 공존하면서도, 서로를 배려하면서도 나를 나답게 살아가게 하고, 나로 하여금 약자의 가면을 벗고 강자의 모습으로 살아가게 하는 기술, 잠재된 나의 가치를 실현하는 협상의 기술을 제시할 것이다.

협상에 대한
잘못된 편견을 버려라

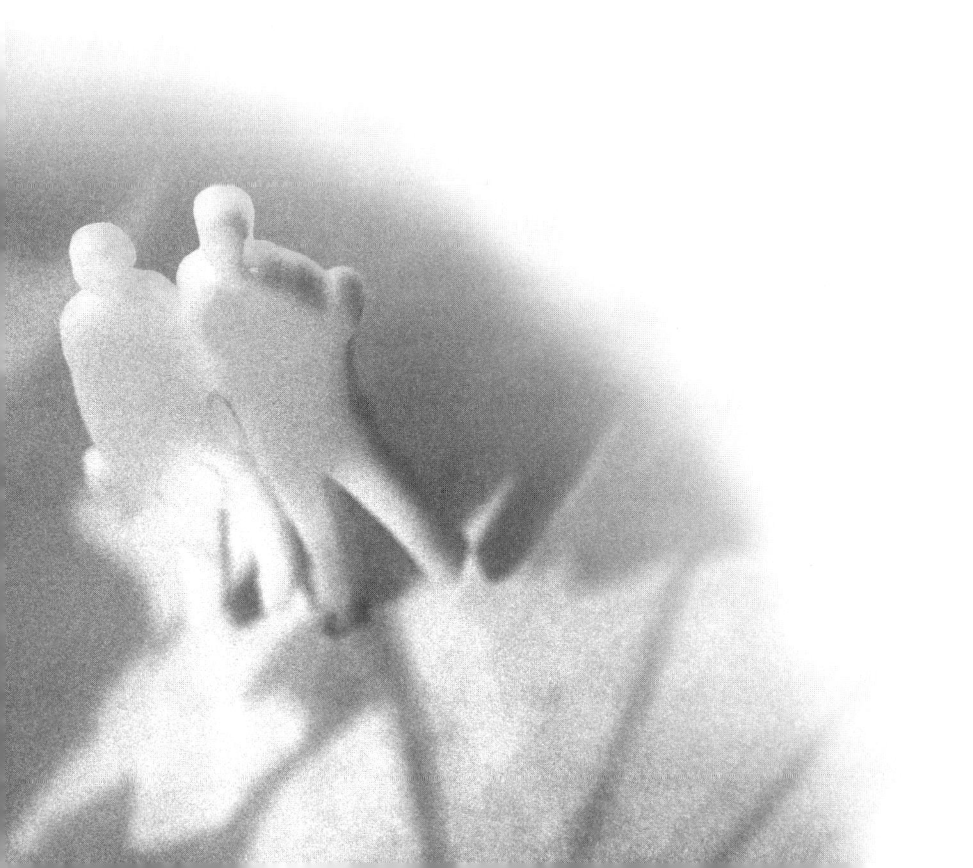

협상은 경쟁이 아니다.
성공적인 협상을 위해서는 양보를 하지 마라.

협상에 대한
잘못된 편견을 버려라

협상이 어려운 첫 번째 이유는 바로 협상에 대한 잘못된 시가들 때문이다. 어떤 사람은 협상을 경쟁이나 대결로 생각하고 이 대결에서의 승리를 그 목표로 삼는다. 또 어떤 사람들은 한발씩 양보해야만 협상의 타결이 가능하며 이를 어쩔 수 없는 대가라고 생각한다. 잘못된 편견을 갖고 문제를 바라보면 문제의 해결은 한 층 어려워 진다. 협상이 대결과 경쟁이라는 편견은 또 다른 대결과 경쟁을 불러 일으킨다. 협상의 타결만을 목적으로 하는 협상은 또 다른 양보를 요구하게 할 뿐이다. 이런 편견이 패배와 불행한 결과를 초래한다. 잘못된 편견들을 정확히 이해하고 극복해야만 협상의 성공이 가능하다.

협상은 대결이나 경쟁이 아니다

어느 날 뉴스에서 일본과의 독도문제 협상 소식중에 양국간의 의견의 차이가 커서 '접전'이 예상된다는 보도를 들은 적이 있다. 많은 사람들이 협상에 나설 때, 마치 전장에 나서는 장수와 같은 비장한 마음 혹은 경쟁적인 분위기에 대한 두려움을 갖는다. '나는 상대방보다 힘이 없는데' 혹은 '상대방을 설득할 만한 뚜렷한 힘도 기술도 없는데'라고 생각하는 것이 보통이다. 왜 이러한 생각을 갖게 되는 것일까? 그것은 무엇보다도 협상이 힘의 논리에 의해 지배되며, 힘이 없는 자는 힘 있는 자의 요구에 따르고 그 처분을 기다리거나, 필사의 각오로 대결을 벌여야 한다고 생각하기 때문이다. 만약 패하게 된다면 언젠가 복수의 때를 기다려야 한다고까지 생각한다. 하지만 협상은 전쟁이나 게임이 아니다.

협상이란 이익의 실현을 목적으로 하는 집단적 협의 과정이다. 물론 협상에 거대 기업의 존립여부가 달려 있는 경우도 있고, 요즘 자주 볼 수 있는 WTO의 정부간 협상처럼 많은 사람들의 생존권이 달린 경우도 있다. 뉴스를 통해 자주 접하는 것처럼 삭발을 하고, 빨간 띠를 두르고, '결사'를 외치며 비장한 표정으로 임금협상에 임하는 모습들이 많은 사람들에게 협상을 전쟁이나 대결의 모습으로 기억하게 했을지도 모르겠다. 물론 '우리의 일상생활이 협상이다'라는 말에는 그러한 절박하고 무거운 분위기의 협상들도 많이 존재한다. 많은 이의 생존권이, 그들의 소중한 삶이 협상 결과에 달려 있는 협상들이 현재에도 진행되고 있다. 하지만, 기억해야 할 점은 '협상에 무엇이 걸려 있는가'가 협상 자체의 본질을 바꾸지는 않는다는 점이다. 단지 생존권이 달려 있다는 이유가 협상을 대결로, 경쟁으로 만들지는 않는다.

협상은 대결이 아니다. 협상에서는 둘 다 승자도 패자도 될 수 있다. 협상의 성공은 상대를 이기는 것이 아니라 이익 실현의 목적을 달성하는데 있다. 경쟁이 협상의 실패를 만들 수 있다. 그럼 협상이 경쟁이나 대결과 다른 본질적인 차이점은 무엇일까? 전쟁이나 경쟁에 나설 때, 우리는 이기는 것을 목표로 한다. 전쟁이나 경쟁의 목적은 승리에 있으며 승자는 동시에 패자를 낳는다. 승리의 방법도 승자에 대한 대가도 미리 정해져 있는 경우가 많다. 전쟁에서는 힘이나 혹은 기묘한 전술로 상대방을 굴복시키는 것이 승리이며,

게임에서는 사전에 정해진 규칙에 따라 동일한 목표물을 먼저 차지하거나 많이 차지하는 자가 승리하게 된다.

하지만 협상은 이러한 특징을 가지지 않는다. 협상은 전쟁과는 달리 모든 사람이 승자가 될 수도, 모든 사람이 패자가 될 수도 있다. 임금협상을 생각해 보자. 회사측과 노조측이 서로 다른 입장을 가지고 협상에 나선다. 만약 모두가 자신의 입장을 고수하여 협상이 결렬되었다고 치자. 과연 이러한 상황에서 누가 승자일까? 누구의 입장도 받아들여지지 않았고 아무도 협상을 통해 실익을 얻지 못했다면 누가 승자일까? 물론 상대적으로 손해를 덜 보는 자가 있을 수 있다. 노조측 대표들은 협상 결렬에 대한 시간적, 물리적 부담을 갖게 될 것이며 회사측은 파업에 따른 영업 손실 등의 여러 손해가 발생할 것이다. 상대적으로 적은 손실이 승자를 만들어 주지는 않는다. 결국 둘 다 패자인 것이다. 이 점이 또한 전쟁이나 게임과 다르다. 전쟁이나 게임은 승자를 필요로 한다. 경우에 따라서는 손해를 덜 본 쪽도 승자가 될 수 있다. 하지만 협상은 굳이 승자를 정해야 할 필요가 없다. 따라서 양 당사자들의 태도에 따라 모두 승자가 될 수도 있고 모두 패자가 될 수도 있다.

경쟁적 협상, 대결의 협상을 피하라

협상을 대결이나 경쟁이라는 편견을 갖고 보는 사람들은 '경쟁적 협상(Competitive negotiation)'을 하려고 하는데, 이는 상대방을 경쟁자, 혹은 적으로 생각하며 절대적 승리를 그 목표로 한다. 또한 상대방을 믿지 않기 때문에 자신의 입장도 잘 드러내지 않으며, 자신의 이익만이 합의의 전제 조건이라고 생각한다. 따라서 대결에서의 승리를 위해서 기꺼이 압력을 행사한다. 대응 방식에 있어서도 관계 단절의 위협이나 힘을 행사하는 것을 마다하지 않는다.

이러한 경쟁적인 협상은 여러 문제를 낳는데, 가장 큰 문제는 협상 자체를 실패로 몰아가기 쉽다는 것이다. 협상의 원래 목적인 이익 실현보다는 단지 경쟁에 이기기 위한 협상을 펼치기가 쉽다. 운전을 하다가 다른 차가 끼어들기를 하려고 하면 자신의 차를 앞차에 바짝 붙여서 끼어들기를 못하게 하려는 사람들을 흔히 본다. 이렇게 해서 끼어들기의 경쟁이 시작된다. 운전을 할 때 우리는 크게 두 가지의 목표를 가지게 된다. 첫째는 안전하게 목적지에 도착하는 것이고, 둘째는 가능한 한 빨리 도착하는 것이다. 보통 끼어들기를 하려는 차는 두 번째 목적을 위해서, 이를 막으려는 차는 첫 번째 목적이 각각의 끼어들기와 막기라는 행위의 동기일 것이다. 하지만 '끼어들기' 경쟁이 시작되면 이 두 목적은 사라지게 된다. 서로 위험을 무릅쓰고 앞서거니 뒤서거니 하면서 경적을 울리거나 급

기야는 차에서 뛰어내려서 주먹을 휘두르는 과격한 행위까지 서슴지 않는다. 경쟁이나 대립이 시작되면 지고 싶어하지 않는 욕구와 자존심이라는 심리적인 요소가 상승작용을 일으키면서 안전과 신속성이라는 원래의 운전 목적과는 전혀 반대의 방향, 즉 위험과 지연의 결과가 일어나게 되는 것이다.

경쟁이 시작되면 이기는 것 자체가 하나의 이익이 된다. 승리의 추구는 체면 등의 심리적인 효과와 함께 협상을 어렵게 한다. 왜냐하면 이기는 것 자체가 협상의 이익이 되면서 원래 협상을 통해서 얻고자 했던 그 근본의 협상 목표에 대한 집중력이 떨어지기 시작한다. 더욱이 '승리'의 욕구는 '체면 유지'의 필요성과 함께 심리적

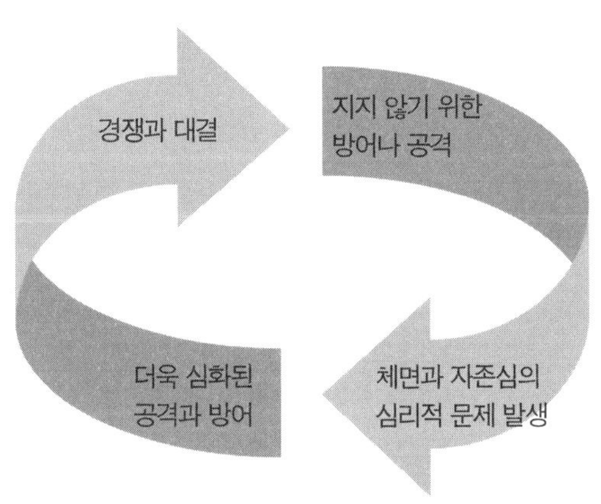

경쟁과 감정의 악순환

으로 강화되면서 더욱 일방적인 대결의 협상을 추구하게 한다. 경쟁에 몰두할수록 우리의 관심은 원래의 목적에서 멀어지고 경쟁 자체, 경쟁에서의 승리에 모아지게 된다.

가정생활에서도 의지의 대결은 불화를 가져오게 된다. 아버지는 대학에 갓 들어간 딸이 일찍 들어오기를 원한다. 그러면서 통금시간을 10시로 선언한다. 하지만 신입생인 딸은 대학생으로서의 생활을 만끽하고 싶다. 고등학교의 입시 지옥에서 벗어난 자유를 친구와 더불어 오래 누리고 싶어한다. 아버지를 보수적이라고 생각하며 마음속으로 통금시간이라는 것 자체가 대학생인 자신에게는 불필요하다고 생각한다. 설령 인정하더라도 12시 정도는 되어야 한다고 주장한다. 아버지는 10시를 고집하고 딸은 이를 인정하지 않으려고 한다. 이런 상황에서 결국은 흔히 서로의 입장만을 고집하다가 불화가 생기거나 대화가 단절되기가 일쑤다.

가만히 원래의 관심사를 생각해 보자. 아버지의 걱정은 딸의 안전이었다. 딸의 관심사는 구속 받지 않는 것이었다. 따라서 아버지와 딸의 원래 관심사는 통금을 몇 시로 할지 혹은 통금시간 자체를 인정할지의 입장과는 상관없이 해결될 수 있는 것이었다. 예를 들어 일정시간 이후에는 어디에 있는지 딸에게 전화를 하도록 하거나, 필요하다면 아버지가 마중을 나갈 수도 있다. 딸이 저녁 늦은 시간에 무언가를 하고 싶어하는 것이라면 가족들이 함께 시간을 보낼 수도 있을 것이다. 다양한 방식으로 쉽게 해결할 수 있었던 원래의 관심사는 '통금시간'이라는 입장의 대결 속에서 모두에게 불만족스러운 결과만을 낳게 된 것이다.

요즘 한창 이란과 북한의 핵무기 개발과 관련된 뉴스가 신문지상에 오르내리고 있다. 항상 핵 문제와 관련해서 등장하는 것이 '사찰 (Inspection)'의 문제이다. 미국을 중심으로 강대국들은 핵 시설에 대한 사찰이 필요하다고 주장하고, 해당 국가에서는 이를 거부하려고 노력한다. 이와 관련하여 미국의 케네디 대통령도 구 소련연방과의 협상에서 실패한 예가 있다. 당시 미국과 소련은 핵무기 실험 금지를 위한 협상에서 서로의 영토에서 의심되는 행위에 대해 일년에 몇 번까지 사찰을 허용할 것인지에 대한 격론을 벌였고, 결국 미국은 10번 이상, 소련은 3번이라는 최종 입장에서 협상은 결렬되고 말았다. '몇 번까지를 허용할 것인가'라는 서로의 입장에 대한 대립이 근본적인 협상의 목적으로부터 멀어지게 한 것이다. 소련은 자국내의 사찰이 행여 주권 행사에 방해가 될지도 모른다고 생각하여 이를 최소화하려고 하였고, 미국은 적극적인 핵무기 실험 금지를 위해 최대한의 사찰을 원했던 것이다.

실제로 이 둘의 목적은 단순한 사찰의 횟수에 대한 대립이 아니라 사찰의 규모, 즉 사찰에 참여하는 사람의 수나 기간 등의 조정을 통하여 달성할 수 있는 것이었다. 즉, 소련의 입장대로 3회를 한다고 하더라도 대규모의 인원과 장기간의 사찰을 통해서 미국이 원했던 철저한 사찰이 가능할 수 있고, 미국의 입장대로 10회 이상으로 한다고 하더라도 만약 최소한의 인원과 기간으로 사찰 활동을 제한한다면 횟수 자체로 인해 주권이 침해될 가능성은 현저히 낮아질 수 있는 것이다. '사찰 횟수'라는 입장의 대결이 협상을 결렬에까지 이르게 한 것이다.

기업들 사이에서도 경쟁을 통한 승리에 대한 집착이 궁극적으로 실패를 가져온 예를 많이 찾아 볼 수 있다. 그 한 예는 미국의 대표적 백화점인 블루밍데일스(Bloomingdale's)의 인수를 위한 캠포(Campeau)와 메이시스(Macy's)간의 공개입찰경쟁을 들 수 있는데, 결국 캠포는 거액의 구매 대금을 제시함으로써 경쟁에서 승리를 하였지만 곧 파산을 선언하고 만다. 전투에서는 이겼지만 전쟁에서 패하고 만 것이다. 이기기 위한 경쟁은 자존심과 의지의 경쟁으로 상승 작용을 일으켜 합리적인 판단을 어렵게 하는 경우가 많다. 일상 생활의 예를 살펴보자. 두 곳의 중국 음식점이 길을 사이에 두고 영업을 하고 있었다. 어느 날 한 가게에서 가격 경쟁을 위해 원래의 가격인 4,000원에서 100원을 인하한다. 결국 건너편 가게에서 지지 않기 위하여 다시 가격을 100원을 인하하고, 처음에 경쟁을 시작한 가게에서는 당연히 지지 않기 위해서 가격을 인하하게 되는데, 흔히 이런 경우 손익 분기점 이하로 가격에 인하되어도 가격 인하 경쟁은 좀처럼 멈추지 않는다. 왜냐하면 상대방보다 낮은 가격이어야만 경쟁에서 이기는 것이기 때문이다. 어쨌든 가격이 경쟁 가게보다 낮으면 이로 인한 이익이 있을 것이라는 논리다. 합리적인 사람이라면 이 논리에 아무도 동의를 하지 않을 것이다. 원가에서 가격이 내려가는 그 순간 이미 두 가게 모두 패배자일 뿐이다.

승자의 덫, 경쟁의 승자가 협상의 승자는 아니다

설령 상대방이 자신의 입장을 수용했다는 것을 승리라고 할 수 있을까? 예를 들어 구매자가 판매자에게 어떤 가격을 제시하였는데, 이를 흔쾌히 받아들이기로 했다. 이 경우 자신의 입장을 상대방이 수용했으므로 협상에 성공했다고 생각할 수 있을까? 사실 알고 보았더니 자신이 제시한 금액은 실제 가치에 비해 현저하게 높은 가격이었다. 자신이 상대방이 원하는 것 이상을 제시하고 이것이 받아들여졌다고 자화자찬을 한 셈이다. 이런 식의 '승리의 덫'에 잡혀 있는 많은 협상들을 볼 수 있다. 중고차의 매매에서도 자신의 입장을 관철시키고도 패배가 되는 경우는 얼마든지 찾아 볼 수 있다. 대부분 형편없는 중고차를 비싸게 사거나, 자신의 훌륭한 차를 헐값에 팔아 버린 경험을 한두 번 정도는 가지고 있을 것이다. 경쟁적 협상을 하는 이유는 보통 자신이 이길 수 있다고 믿으며, 이기는 것이 결국 협상의 승리라고 믿기 때문이다. 따라서 이를 극복하기 위해서는 때로는 이기는 것이 협상의 성공이 아니라는 것을 인식할 필요가 있다.

성공적인 협상을 위해서는 경쟁의 고리를 끊어야 한다. 경쟁은 원래의 목적 달성을 어렵게 한다. 대결형의 협상은 모두를 패자로 만들 수 있다. 또한 협상 자체에서는 이긴다 해도 결과적으로는 패자일 수 있다. 협상을 경쟁이나 대결로 바라보는 편견을 버려야 한다.

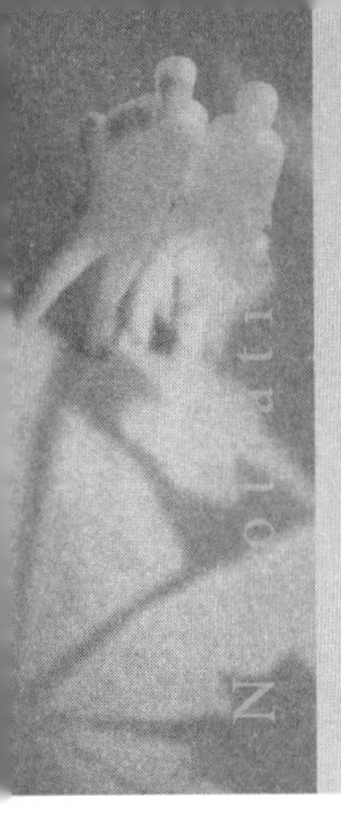

양보하는 것이 협상의 미덕은 아니다

쉽게 발견되는 협상에 대한 또 한 가지 편견은 협상에서 어느 정도의 양보는 불가피한 것이라고 생각하는 것이다. 협상은 타협을 목적으로 하는 것이 아니다. 또한 타협이 반드시 필요한 것도 아니다. 예를 들어, 물건을 서로 100원과 200원에 사고 팔려고 하다가 그 중간인 150원에 거래가 성사되었다고 치자. 이것이 과연 양 당사자를 만족시킬 수 있는 결과라고 할 수 있을 것인가?

잘못된 협상 인식이 협상의 실패를 가져온 한 예는 프랑스와의 규장각 문화재 반환협상을 들 수 있다. 당시 협상에 참여했던 협상 대표는 "협상은 전쟁과는 달리 대화를 요구한다. 따라서 주고 받는 것이 원칙이다. 협상은 어차피 주고 받는 게임이기 때문이다." 라고 밝히면서 빼앗긴 문화재를 돌려 받기는커녕 '프랑스에서 빌려 보기로 하고, 그 대신 한국의 문화재를 빌려 주기로' 합의를 했다고 한다. 협상을 '주고 받는 게임'이라고 판단하여 원래의 협상 목적까지도 주는 게임에 사용한 것이다. 이런 인식으로 시작된 협상은 성공을 기대할 수 없다.

섣부른 양보는 창의적 문제해결을 어렵게 한다

두 개의 오렌지가 남아 있을 때, 두 명이 각각 두 개의 오렌지를 원한다면 어떻게 결론이 날까? 경쟁적 협상을 하고자 한다면 두 사람은 어떤 수를 써서라도 두 개의 오렌지를 모두 차지하려 할 것이다. 힘으로 혹은 어떤 전략으로 상대를 제압하려고 할 것이다. 만약 타협을 목적으로 한다면 아마도 각각 하나씩의 오렌지를 나누어 갖는 것으로 결론이 날 가능성이 높을 것이다. 그럼 협상은 성공한 것인가? 그렇지 않다. 경쟁적 협상을 한 경우라면 아마도 누군가 한 명의 실패자는 하나의 오렌지도 갖지 못했을 것이고, 양보형의 협상일 경우 가가 하나의 오렌지를 나누어 갖고는 둘 다 만족스럽지 못할 것이다. 만약 한 명은 요리를 하기 위해 오렌지의 껍질을 원한 것이었고, 한 명은 오렌지를 먹기 위해서 필요한 것이었다면 서로의 양보와 타협은 오히려 서로의 불만족을 가져왔을 뿐이다. 사실은 둘 다 서로가 원하는 오렌지 두 개를 다 가질 수 있었다. 이렇게 두 개의 오렌지가 네 개가 되는 것이 바로 협상의 성공이다. 이런 성공적인 협상은 '창의적 협상'을 통해서 가능하다.

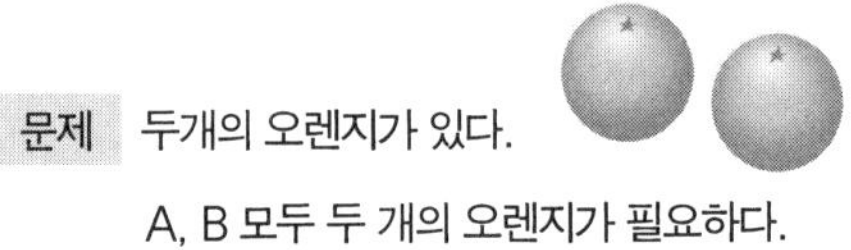

창의적 협상 : 두 개의 오렌지가 네 개가 되는 협상

누구의 양보나 희생이 없이도 협상의 성공은 가능하다. 오 헨리(O. Henry)의 단편 소설에 나오는 남편은 아내를 위해 자신의 시계를 팔아서 빗을 사고, 아내는 머리카락을 잘라 팔아서 남편을 위한 시계줄 선물을 산다. 이 가난한 부부의 이야기만큼이나 안타까운 것이 바로 희생과 양보에도 불구하고 협상을 통해서도 서로가 원하는 것을 얻지 못하는 일이다.

양보형 협상을 피하라

양보가 협상의 단편이라고 생각하는 태도를 가진 사람들은 '양보형의 협상(Concessive negotiation)'을 하기 쉽다. 이러한 협상에 대한 편견을 가진 사람들은 일반적으로 경쟁적 협상에 대한 편견을 가진 이들에게 희생되기가 쉽다. 관계를 중시하는 협상은 대결을 피하기 때문에, 설령 합의의 조건들이 자신에게 손해가 된다 하더라도 이를 불가피한 것으로 받아들이기 쉽다. 좋은 관계가 유지되는 한 상대방이 자신에게 해를 끼치는 행위는 하지 않을 것이라는 막연한 믿음을 갖는다. 자신의 양보에 대한 대가를 상대방의 우호적 처분을 통해서 기대하는 것이다. 하지만 상대방의 도덕적 양심에 기대를 하기에는 세상은 극한의 경쟁 시대가 되었고, 각각의 이해 관계 또한 일방의 관대한 처분으로만 채워지기에는 너무나 다양해지고 있다. 원하지 않으면 얻을 수 없는 것이 협상의 가장 기본적인 원칙이다. 양보는 결과적으로 경쟁적 협상 태도에 대한 보상에 그치기 쉽고, 이로 인해 미래의 관계 또한 상호 대응하지 않는 일방적인 관계가 되기 쉽다. 사람들은 한 번의 양보를 하면 상대방으로부터 한번의 양보를 기대한다. 하지만 현실 속 협상의 세계에서는 그러한 기대는 충족되지 않는다.

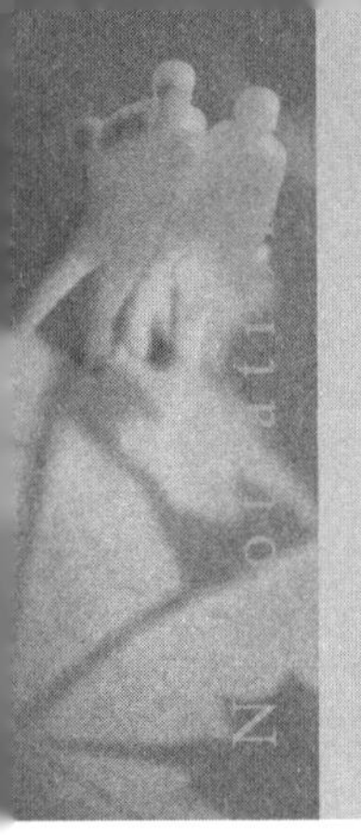

경쟁적 협상, 양보형 협상이 갖는
또 다른 편견

협상에서 대결이나 양보는 협상을 통해 나누어 가질 수 있는 가치가 한정되어 있다는 생각에서부터 출발한다. 오렌지 두 개가 주어졌을 때, 이 두 개의 오렌지를 어떻게 나누어야 할까를 생각하는 것이다. 강자는 모두를 차지하고 싶어하고, 약자는 절반이라도 갖고 싶어한다. 양보를 생각하는 사람은 하나를 양보함으로써 나머지 하나는 자신에게 돌아올 것을 기대한다.

하지만 각각의 목적에 따라서 두 개의 오렌지는 두 개에 머물지 않는다. 앞에서 말했듯이 한 명은 음식의 소스를 만들기 위해 오렌지 껍질을 원하고 한 명은 오렌지를 먹기 위해 알맹이를 원한다면 두 개의 오렌지는 네 개의 가치를 가진다.

따라서 협상에서 먼저 해야 할 고민은 '어떻게 나눌까?'의 분배의 문제가 아니라, '무엇을 이떻게 확대할까?'의 가치 창조와 확대의 문제이다. 협상에서 나눌 수 있는 가치는 처음부터 주어지는 고정된 것이 아니라, 창조를 통해 확대해 갈 수 있는 것이다. 그럼 어떻게 하면 창조해 나갈 수 있을까? 어떤 특별한 기술이 필요한 것일까? 혹시 있다면 연습을 통해서 익힐 수 있는 것일까? 그 해답은 제5장의 창의적 사고의 방법과 기술에서 찾을 수 있다.

거절이 때로는
생산적인 인간관계를 만든다

협상의 목표는 경쟁에서의 승리도, 타협을 통한 협상의 타결도 아니다. 바로 모두의 요구를 충족시키는 창조적인 문제해결에 있다. 생산적인 관계는 이런 문제의 해결을 용이하게 한다. 어떤 관계가 협상에 있어서 바람직한 생산적인 관계일까?

관계에 대한 편견

많은 사람들이 거절은 관계를 악화시킨다고 생각한다. 동시에 상대방의 요구를 거절하지 않으면 '좋은' 관계가 형성될 것이라는 편견을 갖는다. 하지만 좋은 인간관계라는 것은 갈등이 없는 인간관계를 말하는 것이 아니다. 협상에서의 좋은 인간관계는 바로 생산적인 인간관계를 말하며, 이는 어떤 문제가 발생하였을 때, 서로 이익을 충족할 수 있는 그런 해결책을 찾기 위해 머리를 맞댈 수 있는 관계를 말하는 것이다. 따라서 단순하게 상대방의 요구를 수용함으로써 갈등을 회피하는 것과는 근본적으로 다르다. 서로 다르다는 것을 인정하고 그 차이와 다양성을 극복해 가는 관계를 말한다. 상대방의 요구를 그대로 수용하지 않고, 자신의 이익을 주장하더라도 얼마든지 생산적이고 좋은 관계는 형성될 수 있는 것이다. 상대방의 불합리한 요구에 거절을 할 수 없다면 결코 대등한 관계에 근거한 성공 파트너가 될 수 없으며 결과적으로 건강한 관계로 발전할 수 없다. 갈등은 우리의 삶에서 지울 수 없는 일부이다. 관계의 성패는 갈등 자체의 유무가 아니라 갈등이나 문제는 불가피하게 발생한다는 전제 하에 그것을 해결해 나갈 수 있는 장치가 마련되어 있느냐에 달린 것이다.

관계에 대한 그릇된 편견은 아마도 관계의 의미를 다음과 같이 잘못 인식함으로써 발생하는 것 같다.

- 관계를 협상의 목적으로 인식
- 좋은 관계만 있으면 협상은 성공

전략적으로 관계설정 자체를 목적으로 하는 연속적 협상을 제외하면, 좋은 관계는 성공적인 협상을 위해 필요한 수단의 하나이지 그 목적이 될 수는 없다. 물론 성공적인 협상의 부수적인 결과가 좋은 관계임은 말할 필요가 없다. 하지만 좋은 관계 자체를 위해서 실질적인 협상의 이익과 목적마저도 기꺼이 양보하는 경우를 종종 보곤 한다. 영업 사원들이 가격인하나 할인율을 높이는 등의 양보를 하려고 할 때 그 이유를 물어보면 '좋은 관계의 유지' 혹은 '고객이 강력하게 요구하니까' 라고 대답하는 사람들이 제법 많다. 좋은 관계를 통해서 이후에 실질적인 보상을 받을 수 있다는 환상을 갖는 것이다.

앞에서도 이야기 했듯이 이는 순진한 착각에 불과하다. 모든 인간은 자신을 위해 일한다. 자신의 범위는 자신이 속한 가족으로, 회사로, 크게는 국가로 확대될 수 있다. 하지만 왜 타인이 타인을 위해서 스스로를 희생할 것인가? 우리는 지금 '이익' 이라는 철저하게 냉정한 기준을 가진 현실 속에서 살아가고 있다. 자신의 이익을 다른 사람의 처분에 맡겨서는 안 된다.

또한 좋은 관계가 있다고 해도 협상의 성공은 담보되지 않는다. 오히려 이런 맹목적인 관계에 대한 집착은 협상의 결과를 악화시키기 쉽다. 관계에 큰 의미를 두면 둘수록 물리적인 힘 혹은 경제적인 우위를 점한 사람이 관계의 주도권을 잡게 된다. 관계를 위한 양보나 갈등의 회피는 상대로 하여금 '요구와 수용' 이라는 '지배의 쾌락' 을 강화함으로써, 요구와 양보, 더 큰 요구와 양보의 악순환은 관계 자체가 무너질 때까지 계속될 가능성이 높다. 이번만 양보하면 상대방이 더 이상은 요구하지 않을 것이라는 환상에서 깨어나야 한다.

협상에 도움을 주는 관계

긍정적인 관계의 혜택은 관계 자체로 인해 무조건적으로 결과에 어떤 영향을 끼치는 것이 아니라 갈등이나 차이가 발생했을 때 서로의 이해를 높이고 불필요한 오해의 가능성을 줄여서 생산적인 결론을 용이하게 도출할 수 있다는 데 있다. 즉, 상대방에게 불필요한 오해나 두려움 등 부정적인 감정 상태를 불러 일으키지 않음으로써 더 많은 시간을 서로에게 도움이 되는 다양한 대안들을 찾아가는 데 쓸 수 있다는 측면에서 생산적이고 발전적인 것이다.

많은 사람들은 공동의 가치관이 있어야만 좋은 관계가 형성될 수 있다고 생각한다. 상대방의 생각이나 행동을 인정해야 한다고 생각한다. 생각이나 행동의 차이가 없어야 한다고 생각한 나머지 상대방과 같은 집단에 속한 것처럼 가장하거나 속하려고 한다. 하지만 본질은 그렇지 않다.

실제로 협상에 도움이 되는 생산적인 관계를 위해 필요한 것은 바로 서로 다른 차이에 대응할 수 있는 능력이다. 그런 능력은 상대방과 같은 집단에 속한 것처럼 행동하고 말할 수 있는 능력이 아니다. 차이가 없는 것처럼 보일 수 있는 능력도 아니다. 그것은 이 책을 통해서 이해하고 익히게 될 바로 성공적인 협상을 위해 필요한 능력인, 즉 감정을 이해하고 활용할 수 있는 능력, 상대방을 상대방의 입장에서 바라볼 수 있는 능력, 자신을 이해시키고 상대방이 전달하고자 하는 바를 읽어낼 수 있는 의사소통 능력, 그리고 항상 객관적이고 합리적인 신뢰성을 유지하는 능력이다.

신뢰성은 단순히 상대방에 그때 그때 영합하거나 공동의 이익이 있어야만 얻을 수 있는 것이 아니다. 행위나 판단이 항상 객관적이고 합리적인 기준에 의하며 사적으로 치우치지 않는 공정성이 인정될 때 얻어질 수 있는 것이다. 우리는 가까운 관계를 유지하면서도 왠지 신뢰가 가지 않는 사람이 있는 반면 그리 가까운 관계가 아니지만 어쩐지 신뢰가 가는 사람도 있다. 차이는 행위나 판단의 객관성과 공정성에 있다. 단순히 관계를 유지하는 것만으로는 그러한 신뢰의 벽을 넘지 못한다.

관계가 모든 문제를 해결해 주지 않는다

관계가 모든 것을 가져다 줄 수 있다는 환상에서 벗어나야 한다. 이는 그 자체가 현실이기도 하지만 당위이기도 하다. 얼마나 많은 스캔들과 의혹들이 소위 말하는 '인맥'을 통해서 만들어져 왔는가? 결국 모두를 파괴시키는 그런 관계들을 오늘 발행된 신문에서도 쉽게 찾아 볼 수 있다. 진정한 관계는 맹목적이지 않아야 한다. 누군가의 희생을 필요로 하지 않아야 한다. 어느 누구도 상대방을 위해 위험을 감수할 필요가 없다. 상대방에 대한 진정한 이해를 바탕으로, 서로의 차이를 인정하면서도 서로의 이익이 무엇인지를 냉철하게 분석하고 판단할 수 있어야 한다. 서로의 이익을 충족시켜 주는, 서로의 가치를 확대해 줄 수 있는 방법을 고민할 수 있어야 한다. 서로의 차이를 극복할 수 있는 그런 관계가 필요한 것이다.

그럼 굳이 관계를 만들어 가는 것이 필요한지 의문이 들 수도 있을 것이다. 분명히 생산적인 관계는 필요하다. 인간의 인식 과정과 감정은 때때로 인식하지 못한 방향으로, 의도하지 않는 방향으로 전개되기 쉽다. 합리적인 판단보다는 즉각적인 직관적 판단이 의사결정을 주도하기도 하고, 스스로의 감정이 논리적인 판단을 흐리게 하기도 한다. 이러한 오류들은 결국 상대방에 대한 불필요한 오해나 갈등을 가져올 수 있다. 건강한 인간관계는 이런 위험 요소들을 안전하게 건널 수 있게 도와주는 징검다리의 역할을 한다. 관계는 이해를 쉽게 하고 오해를 어렵게 한다. 상대방으로부터 위협을 느끼기보다는 편안함을 느끼고 경쟁보다는 협조를 용이하게 해준다. 이러한 분위기는 결국 생산적인 문제해결에 긍정적인 분위기를 형성해 주는 것이다. 진정한 관계는 문제해결의 가능성을, 창조성과 능력을 최대한 발휘할 수 있게 해주는 중요한 환경과 바탕이 된다.

|핵심내용 정리|

○ 성공적인 협상을 위해서는 먼저 협상에 대한 잘못된 편견을 버려야 한다.

○ 경쟁적 협상, 대결의 협상을 피해야 한다. 협상은 상대방을 이기기 위해서 하는 것이 아니다. 협상을 통해 서로의 목적을 달성하기 위해서 하는 것이다. 대결에서는 승자와 패자가 있지만, 협상에서는 둘 다 승자가 될 수도 있고, 둘 다 패자가 될 수도 있다.

○ 양보형의 협상을 피해야 한다. 성공적인 협상을 위해서는 양보하지 마라. 협상의 미덕은 양보에 있는 것이 아니다. 섣부른 양보가 창의적 문제해결을 어렵게 한다.

○ 협상을 통해서 얻을 수 있는 것은 고정되어 있는 것이 아니다. 협상에서 서로가 가질 수 있는 가치는 무한히 커질 수 있다. 따라서 경쟁도, 양보도 필요하지 않다.

○ 관계가 협상의 모든 문제를 해결해 줄 것이라는 편견을 버려야 한다. 관계를 위한 협상을 해서는 안 된다. 거절이 때로는 생산적인 인간관계를 만든다. 협상에 도움이 되는 인간관계는 바로 문제해결을 위한 생산적인 인간관계이다.

인간을 이해하자

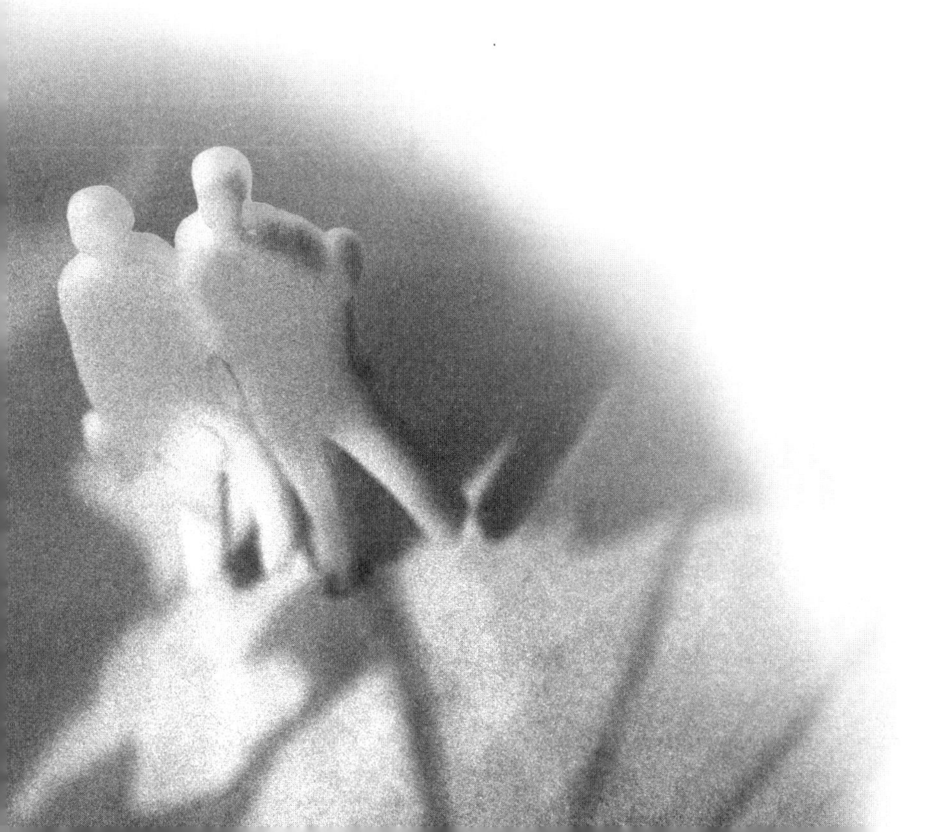

우리를 가장 많이 속이는 것은 우리들 자신이다.
협상에서의 가장 큰 적은 바로 우리들 자신이다.

인간을 이해하자

협상은 인간이 한다. 인간은 명령을 받으면 단순히 이를 수행하는 기계와는 다르다. 아무리 좋은 전략이나 합리적인 생각도 감정이 개입되면 전혀 다른 방향으로 전개되기 쉬우며, 인간들의 사고과정 자체도 때로는 수많은 지각의 오류들에 의해 영향을 받는다. 따라서 인간의 감정과 지각의 문제들, 어떻게 느끼고 무엇을 생각하며, 이에 어떻게 대응해야 할지를 이해하지 못한다면, 협상에서의 성공은 요원하다고 할 수 있다.

감정을 이해하고 긍정적으로 이용하라

감정은 버려지지 않는다
또한 직접 대응하기도 어렵다

감정적으로 대응하지 말라고 한다. 감정을 버리라고 말한다. 하지만 감정은 결코 버려지지도, 기적같이 사라지지도 않는다. 잊으려 하면 할수록 더 떠오르고 나를 괴롭히는 것들이 감정이다. 혹은 감정을 억제하라고 한다. 억제하려는 의지만 갖는다고 억제가 된다면 무슨 고민이 있겠는가? 우리는 감정의 벽 속에서 수많은 실수를 한다. 아이들에게, 부모님에게, 직장 동료에게, 직장 상사에게 감정적으로 화를 내거나 짜증을 내고 나서 오늘도 많은 후회를 했을 것이다. 그렇다면 화를 내거나 짜증을 내던 당시에는 감정을 억제해야 한다는 생각을 잠시 잊었던 것일까? 아니면 그것을 억제할 수 있던 의지가 사라졌던 것일까? 결코 그렇지 않다.

감정을 억제 해야지 했던 생각은 지금도, 당시에도 머리 속을 떠난 적이 없고, 의지 또한 그대로 있었다. 감정은 '참아야지' 한다고 해서 순간 사라지거나 억제되지도 않는다. 마음만으로 결코 조절할 수 없는 영역인 것이다. 만약 자신의 감정을 조절하는 것도 이렇게 어려운 것이라면 상대방의 감정에는 어떻게 대응할 것인가? 설령 자신의 의지로 감정을 조절할 수 있다고 해도, 상대방에게 '화를 내지 마세요' 라고 한다고 해서 상대방은 화를 멈추지 않는다. 하물며 스스로도 감정을 조절할 수 없다면, 상대방의 감정을 바꾸거나 조절해 보겠다는 생각 자체가 무의미할지도 모른다.

그렇다면 나의 감정은 어떻게 하면 조절할 수 있고, 상대방의 감정에는 어떻게 대응할 수 있을까? 그리고 더 나아가 그 감정들을 어떻게 긍정적으로 협상에 이용할 수 있을까?

인간은 생존을 위해 '투쟁과 도피'를 반복해 왔다. 투쟁과 도피는 인간의 생존 법칙이었다. 자연 재앙이나 무서운 맹수들로부터 살아남기 위해서는 싸워서 이기든지 그것으로부터 잽싸게 피하는 것이 필요했던 것이다. 인간은 불안정하거나 위기의 상황에서 본능적으로 공격적으로 되든지 도피하려는 반응을 보이게 된다. 투쟁과 도피는 협상에 있어서는 경쟁이나 갈등 회피의 형태로 나타나게 된다. 경쟁이나 갈등의 회피의 이면에는 두려움과 분노와 같은 부정적인 감정들이 깔려 있다. 두려움은 행동을 가로 막으며 분노는 파괴적이다. 두려움은 자신을 은폐하게 된다. 자신의 생각이나 감정을 드러내고 이야기하기 보다는 자신을 숨기고 부정적인 일들을 떠올리게 한다. 이러한 비관적인 생각은 더욱더 부정적인 감정을 확대재생산하게 된다. 두려움은 또 다른 두려움을 낳는다. 한번 비난하는 데 몰두하기 시작하면 비난이 할 수 있는 일은 단지 또 다른 비난 거리를 찾는 일이다. 감정은 확대재생산 된다. 부정적인 감정일수록 더욱 그러하다. 어떻게 하면 협상에서 혹은 우리의 일상생활의 대화들 속에서 이런 부정적인 감정의 악순환을 끊고, 문제해결의 방향으로 유도해 갈 수 있을까?

감성 지능의 기술로 나와 상대방의 감정을 읽는다

감정이란 지각이나 사고, 행동을 유발하거나 그 일부를 구성하는 하나의 느낌이라고 할 수 있는데, 라틴어 어원 'Motere' 의 의미인 '움직이다' 에서 볼 수 있듯이 동적인 상태가 강하다. 감정은 어떤 행동의 기초가 되는 충동이나 동기와 깊은 관련이 있다.

감정이 유발되는 과정을 신체 구조로 살펴보면, 뇌의 변연계(Limbic system)에 있는 편도체(Amygdala)가 그 중심이 된다. 모든 정보들은 편도체를 거쳐가게 되는데, 정보들의 정서적 가치를 여기에서 분석하게 된다. 편도체를 떠나면서 정보들은 정서적인 신호들을 띠게 되며 이 신호의 크기에 따라 이성적인 사고나 논리가 무시되기도 한다. 결과적으로 감정이 이성보다 빨리 행동을 지배하게 되며 감정의 작용으로 행동의 결과 등에 대한 이성적 판단 없이 행동이 먼저 일어나게 되는 것이다. 마찬가지로 감정적으로 흥분되어 있는 사람하고는 이성적인 대화가 어려운데 이는 감정이 모든 판단을 주도하고 있어서 이성은 설 자리를 찾지 못하기 때문이다.

이처럼 감정에 대응하는 능력은 사고를 하는 능력만큼이나 중요하다. 왜냐하면 감정에 적절한 대응을 하지 못하게 되면 이성적인 사고의 능력이 아무리 뛰어나다고 하더라도, 감정의 굴레에서 벗어나지 못한 채 이성은 제 기능을 발휘할 기회조차 잡지 못할 수 있기 때문이다. 요즘 감성 지능(Emotional intelligence)라는 말을 자주 듣게 된다. 하워드 가드너(Howard Gardner) 박사는 지능에 대하여 지적 능력(IQ) 이외에도 언어적 지능, 수리적 지능, 운동 감각적 지능, 음악적 지능, 대인 관계적 지능과 개인 내적 지능 등이 있다는 다중 지능이론을 주장하였다. 이 중에서 바로 대인 관계적 지능과 개인 내적 지능은 감성 지능과 관련이 있으며 이는 다른 사람과 상호 작용할 수 있는 능력과 자신의 감정을 조절할 수 있는 능력을 말한다.

감성 지능의 기술로는 다음과 같은 것을 생각할 수 있다.

- **자기인식 기술** : 자신을 이해하고 인식할 수 있는 기술로서, 어떤 상황 하에서의 자신의 감정을 인식함으로써 자신의 한계 및 그

한계를 극복하는 방법을 모색하게 해준다.

- **자기제어 기술** : 긍정적인 감정과 부정적인 감정에 적절하게 대응하면서, 자신의 목표에 집중할 수 있도록 계속적인 동기 부여를 한다.
- **감정이입 기술** : 다른 사람의 입장에서 욕구와 가치 등을 파악하고 그들의 감정 상태를 알아내는 능력을 말한다
- **갈등조절 기술** : 갈등이 발생하기 전이나 발생 후에라도 이에 대해 적절하게 대응해 갈 수 있는 능력을 말하며, 다른 사람의 욕구나 기대를 파악하여 서로가 만족할 만한 해결책을 이끌어 낸다.

이러한 감성 지능은 협상에서 매우 중요한 역할을 한다. 왜냐하면 자신이나 상대방을 이해하는 데 감정적인 요소들에 대한 인식은 필수적이기 때문이다.

사물은 어떤 위치에서 보는가에 따라 그 모습이 다르게 보인다. 인간들은 많은 편견들을 가지고 있으며 여러 가지 정보를 접할 때 그 편견을 혹은 자신의 생각을 강화시켜 줄 수 있는 정보를 선별적으로 받아들이기 때문에 자신이 사전에 가지고 있던 생각을 부정하는 사실들은 대체로 진실로 받아들이지 않거나 무시해 버린다. 이와 같이 어떤 특정 입장에서 사물을 판단할 줄 아는 능력, 상대방의 입장에서 때로는 객관적인 입장에서 상황을 판단하는 능력은 매우 중요하다. 이는 단지 상대방의 입장을 이해하는 것을 의미하는 것

이 아니라, 상대방의 입장의 근거를 알고, 그것이 어떤 감정적인 요소를 갖는지를 이해하는 것을 말한다.

　예를 들어 어떤 사람이 자신이 오랫동안 간직해 온 시계를 어쩔 수 없는 사정으로 매각해야 한다고 생각해 보자. 당연히 그 사람은 객관적인 가치보다는 높은 가격을 요구할 것이다. 그에게 객관적인 가격만을 제시한다면, 그는 당연히 부당하다고 생각할 것이다. 하지만 실제는 상대방이 스스로 객관적 가치를 높게 인정하고 있는 것이 아닌 심리적인 가치를 높게 부여했기 때문이다. 이러한 심리적인 가치는 얼마든지 높은 가격을 치르지 않고도 보상할 수 있다. 자신이 이 시계를 얼마나 소중하게 간직할 지, 상대방의 심리적 가치가 얼마나 소중한지 그것을 얼마나 공감하는지를 표현함으로써 될 수 있는 것이다. 따라서 감성 지능 기술의 습득과 연습을 통해서 자신뿐만 아니라 다른 사람의 감정을 이해하고, 이에 따른 판단을 내림으로써 더욱 긍정적인 관계와 판단을 만들어 갈 수 있을 것이다.

자신을 감정의 굴레에서 벗어나게 하자

　협상에서는 순간적인 자기감정 조절이 필요한 경우도 많이 발생하게 되는데, 이런 상황에서는 자신만의 특정한 행위를 통해서 감정을 전환시키는 것도 가능하다.

심리학자 윌리엄 제임스(William James)와 내과의사 칼 랑게(Karl Lange)는 '감정은 신체 내부의 여러 현상에 대한 지각' 이라고 주장한다. 예컨대 어떤 사람이 번개 치는 광경을 보았을 때, 맥박수가 증가하는 등 즉시 일정한 방식으로 신체적 반응을 일으키고 이러한 신체적 반응의 지각이 공포의 정서를 형성한다. 사람들은 웃기 때문에 행복하고, 울기 때문에 슬프며, 도망가기 때문에 두려움을 느낀다고 한다. 만약 숲 속에서 곰을 만난다면 이런 위험에 대처하기 위해 자율신경에서 심장 박동수가 증가하고, 호흡이 빨라지는 등 자동적이고 즉각적인 반응이 나타난다. 그런 반응들을 경험한 후에 비로소 공포라는 정서를 느끼게 된다는 것이다. 즉, 정서의 원인 자체가 인식되는 것이 아니라 자율 신경계의 생리적인 반응의 결과로 정서가 나타난다는 것이다.

제임스-랑게의 이론은 이후 많은 비판에 직면하기도 하였지만, 적어도 감정이 행위를 통해서 조절될 수 있다는 측면에서 의미를 부여할 수 있을 것이다. 왠지 무언가 잘 되지 않는다는 느낌이 들거나 무기력하게 느껴진다면 자신의 성공적인 기억들을 돌이켜 보자. 자신도 모르게 기운이 느껴질 수도 있다. 어떤 감정이 들기 시작한다면 감정을 일으키는 것과 감정 자체를 열거해 보고 인식하려고 노력해 보라. 사전에 자신에게 효과적으로 감정을 조절할 수 있었던 행위, 소리, 색깔 등이 있었다면 기억하고, 위기의 순간이 오면 이를 떠올려 보는 것도 좋다. 잠시 자리를 뜨는 것도 좋고, 가벼운

산책을 하거나 특정한 이미지를 기억하였다가 떠올리는 등의 신체의 감각들은 사용하여 조절하려고 노력해 보는 것도 좋다.

또한 심리학자들은 '자기 실현의 예언'을 통해서 상대에 대한 기대가 행동에 얼마나 큰 영향을 주는지 보여주고 있다. 실험에 의하면 지능 지수가 오를 것이라는 말을 들은 학생과 아무 말도 듣지 못한 학생은 이후에 실제 지능 지수에서도 차이가 났다고 한다. 이렇게 스스로가 자신에게 주는 긍정적인 메시지들, 자신감이 무엇보다도 중요한 것을 애써 말할 필요가 없을 것이다. 따라서 협상에 임하기 전에 협상에 성공한, 협상을 성공적으로 이끌어 가는 자신의 모습을 반복적으로 떠올려 보는 것도 협상 중에 긍정적인 자기 감정을 유지하는 데 도움이 된다.

상대방의 감정에
어떻게 대응하고 활용할 수 있을까

감정은 이미 의식하기 전에 발생하여 몸과 사고에 영향을 준다. 감정 자체를 멈추게 한다든가 무시한다는 것은 논리적으로도 불가능한 이야기이다. 또한 감정이 발생했을 때 이를 직접적으로 다룬다는 것도 무척 힘든 일이다. 상대방이 '불안함'을 가지고 있다고 판단될 때, 이를 해결하기 위해서는 그 근본적인 이유를 찾아야 하는데, 이를 짧은 협상의 시간 동안 찾아간다는 것은 쉽지 않다. 보통 하나의 감정은 여러 가지의 원인이 있을 수 있고, 또 그 원인이 지극히 잠재적일 수도 있다. 상대방이 아침에 운전을 하고 오다가 재수없이 사고를 당해서인지 아니면 협상의 진행 자체가 만족스럽지 않아서 화를 내는지 좀처럼 이해하기 어렵다. 또한 감정은 전염성이 있다. 그리고 하나의 감정은 또 다른 감정을 유발하기도 한다. 따라서 감정 문제는 적절하게 대응하지 못하면 협상이나 대화를 처음부터 끝까지 어렵게 할 수 있다. 하지만 감정의 문제를 직접 해결하는 것은 매우 어렵다. 화를 내기 시작한 상대방으로 하여금 화를 멈추게 하고 이전의 상태로 되돌리는 것은 힘들고 많은 시간이 걸린다. 어떻게 감정의 문제가 발생하기 이전에 적극적으로 대응하여 부정적인 감정의 발생을 막고 우호적이고 즐거운 협상으로 만들어 갈 수 있을까? 이를 위해서는 먼저 감정이 발생하게 되는 근본적인 인간의 욕구들을 이해할 필요가 있다.

정신분석학자 프로이드(Freud)는 인간 정신활동의 대부분은 보이지 않는 잠재의식 속에서 행해진다고 말한다. 그 잠재의식에 인간의 욕망이 감춰져 있고, 이는 성적이거나 공격적인 욕망으로 나누어진다고 설명한다. 이 후에 많은 심리학자들은 행위가 단지 성적이거나 공격적인 욕망에 의해 유발된 것이란 주장에 거부감을 갖기도 하지만, 적어도 욕구의 유발이 잠재의식적이라는 주장은 널리 인정되고 있다. 사실적으로 정확하게 상대방의 행동이나 감정에 대한 근본적인 동기를 찾아내는 것은 불가능할 수도 있다. 또한 설령 상대방이 스스로 행위의 동기를 인식하고 있다고 할지라도 그것을 쉽게 말하려고 하지 않는다. 이솝 우화 '벌거벗은 임금님'의 이야기처럼 많은 사람들이 자신의 생각에 대해 다른 사람들과 이야기해 보지도 않은 채, 자신은 다수와는 다른 소수의 집단에 속해 있다고 느낀다. 다른 사람들은 규범을 잘 지키고 있다고 생각하여, 자신이 거기에서 벗어나 있다는 것을 다른 사람들이 알게 되는 것을 두려워하여 인정하려고 하지 않는 것이다. 자신의 동기가 만약 사회적으로 좋게 인정되지 않을 것이라고 생각되는 경우, 사람들은 이를 사회적인 규범에서 벗어나지 않는 동기로 보이고 싶어 한다. 그래서 실제 개인적인 행위의 동기가 사회적으로 인정되는 높은 가치의 동기로 둔갑하여 표현되는 경우가 많다. 보통 우리는 개인적인 동기보다는 사회적인 동기를 말하기를 좋아한다. 우리는 주변에서 자신의 개인적인 욕망을 위해서 어떤 행위를 하고도 국가나 사회의 이익을 위한 행위로 포장하려는 사람들을 쉽게 찾을 수 있다.

일반적으로 상대방의 감정이나 행동의 동기를 이해하려고 할 때, 이를 직접적으로 알아내려고 하기 보다는 인간의 근본적인 욕구를 먼저 알아봄으로써 여러 행위의 동기들에 간접적으로 접근해 볼 수 있다.

매슬로우의 욕구 단계와 협상에서의 응용

개인이 가진 욕구와 이의 충족에 대한 이론으로 가장 잘 알려진 것은 애이브러햄 매슬로우(Abraham Maslow)의 욕구 단계설이다. 매슬로우는 인간에게는 단계를 이루는 다섯 가지의 욕구들이 있다고 주장한다.

매슬로우 욕구 단계

　첫 단계는 인간에게 가장 기본적이라고 할 수 있는 생리적인 욕구들이다. 일단 생리적 욕구가 충족되고 나면, 안전의 욕구가 나타나는데 이는 신체적 혹은 감정적 위험으로부터 안전하기를 바라는 욕구이다. 이 후엔 소속감이나 애정의 욕구가 지배적인 것으로 나타나는데 어떤 집단을 만들거나 집단으로부터 받아들여지기를 바라는 욕구이다. 인간의 사회성을 보면 쉽게 이해할 수 있는 욕구이다. 일단 집단에 소속되게 되면 내적 혹은 외적으로 인정받고 지위를 인정받고 싶어하는 욕구가 나타나게 된다. 내적 존경은 자신에 대한 자존, 자율 등을 생각할 수 있을 것이다. 이러한 욕구들이 모두 충족되었다면 자아 실현 욕구가 나타나는데 이는 자기 발전을 통하여 자아를 개발하고 완성시키고자 하는 욕구이다.

　매슬로우 이론의 단계성은 이 후 많은 학자들로부터 의문이 제기되기도 하였고 적용상의 측면에서도 어려움이 있어, 이를 단계적이 아닌 수평적으로 접근해 보는 것이 디 바람직해 보인다. 즉 상, 하위의 욕구 충족을 단계저으로 고려하는 것이 아니라 동시에 충족시키는 방법을 생각해 볼 필요가 있다. 매슬로우의 욕구에서 유추해서 생각해 볼 수 있는, 협상에서 나타나는 인간의 기본적인 욕구들에는 다음과 같은 것이 있다.

협상 시 자주 관찰되는 욕구	관련 기본 욕구	욕구의 내용
소속감	소속 및 애정 욕구	• 만족스런 관계를 만들고자 하는 욕구 • 관계 형성을 통한 소속 욕구
자율	(내적) 존경 욕구	• 스스로 선택하고 결정하려는 욕구 • 다른 사람의 영향으로부터 벗어나 스스로 많은 대안을 가지고 자유로워지려는 욕구
인정	존경 욕구 및 성취 욕구	• 타인에게 자신의 정체성을 보여주고자 하는 욕구 • 자신의 우월성에 대한 인정과 보상을 받고자 하는 욕구
지위	존경 욕구 및 성취 욕구	• 타인에 대해 영향력을 행사하거나 제압하고자 하는 욕구 • 타인에게 권한을 행사하여 힘을 보여주고자 하는 욕구
이해	존경 욕구 및 성취 욕구	• 지적 욕구 • 이해하고자 하는 욕구
일관성	존경 욕구 및 성취 욕구	• 불확실성을 피하고 논리적 관계를 구축하고자 하는 욕구 • 예측 및 그 실현에 대한 욕구

협상에 걸려 있는 실질적인 많은 이익들을 제외하더라도, 인간의 기본적인 욕구들 또한 반드시 협상을 통해서 충족되어야 할 이익들을 형성한다.

감정이 발생하기 전에
상대방의 욕구를 충족시켜라

　현실적으로 이러한 욕구들의 충족여부가 바로 성공적인 협상의 중요한 목표가 됨과 동시에 실질적인 이익의 충족을 위해서도 중요한 역할을 한다. 또한 인간의 욕구 충족은 부정적인 감정의 발생을 억제할 수 있다. 기본적인 욕구들에 대한 이해와 이를 사전에 충족시켜가는 것은 상대방의 나쁜 감정의 발생을 예방하고 우호적이고 긍정적인 감정 상태를 유지하게 함으로서 상대방을 창의적인 문제해결로 유도해 갈 수 있다. 기본적인 욕구가 충족되지 않았을 때 인간은 불안해지기 시작하고 불편함을 느낀다. 이런 불안함과 불편함

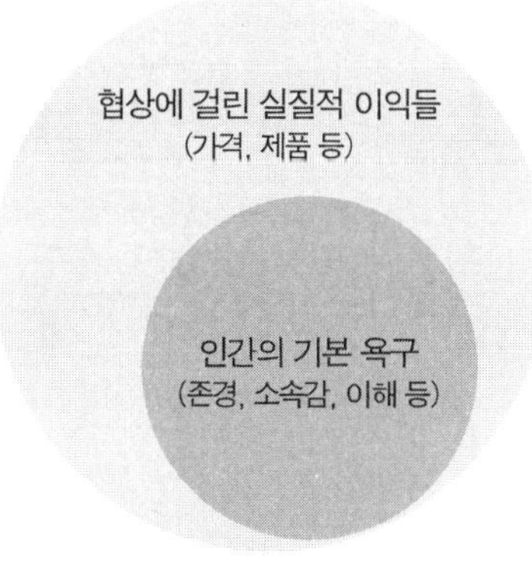

협상에서 충족되어야 할 이익들

은 인간을 공격적이거나 방어적으로 만들기 쉽고 이는 협상을 경쟁이나 대결로 몰고 가거나 협상 자체를 회피하는 자세를 취하게 할 수 있다. 방어적인 자세는 거짓말을 하게 하거나 자신을 드러내기를 기피하게 함으로써 서로에 대한 이해를 방해할 수 있기 때문에 문제해결을 더욱 어렵게 한다. 이러한 욕구들은 협상을 통해서 언어적인 요소와 비언어적인 요소인 행위나 몸짓, 표정 등을 통해서 충족시켜 갈 수 있다.

예를 들어, 상대방에 대한 인정을 표시하기 위해서는 상대방의 입장과 감정에 대한 이해를 모두 표시해 주어야 한다.

상대방에 대한 인정	대화의 예
상대방의 입장에 대한 인정	"말씀하시는 근거는 저도 충분히 이해하고 있습니다." "저도 말씀하시는 부분이 타당하다고 생각합니다."
상대방의 감정에 대한 동감	"불쾌하신 것에 대해 저도 공감합니다." "화를 내시는 것도 당연하다고 생각합니다."

또한 다음과 같은 방법으로 소속감, 지위, 자율성 등의 욕구를 충족시켜 줄 수 있다.

소속감을 느낄 수 있게 하는 방법	표현 방법
대화를 통해서	**비슷한 나이나 직급에 대한 주제:** "우리가 회사에서 가장 어려운 직급인 것 같아요. 부하직원들과 상사들 사이에서 서로 눈치를 봐야 하니까요." **가족관계:** "아이를 몇이나 두셨어요?" **취미:** "주말에는 무엇을 하시면서 시간을 보내세요?"
행위를 통해서	회의 중 나란히 앉기 비공식적인 자기 소개(자신을 먼저 솔직하게 드러낸다) 시간이 허락한다면 먼저 비공식적인 만남이나 활동

지위에 대한 인정을 느낄 수 있게 하는 방법	표현 방법
대화를 통해서	사회적 신념, 전문적 기술이나 지식, 경험, 개인적 강점, 사회적 혹은 회사에서의 지위 등에 대해 파악하고 이를 적극적으로 인정
행위를 통해서	정중하고 매너 있는 태도

자율성을 느낄 수 있게 하는 방법	표현 방법
대화를 통해서	**해결책에 대해 묻기:** "생각하고 계신 해결책이 있으신가요?" "저보다 경험이 많으신데, 제 입장에서 어떻게 하는 것이 좋을지 말씀해 주십시오." **상대방의 관점에 대해 묻기:** "저와는 다른 관점에서 생각하고 계시다면 말씀해 주십시오."
행위를 통해서	상대방의 적극적인 참여를 유도하는 브레인스토밍(Brain storming)

　감정에 대한 직접적인 대응보다는 그 근본적인 원인이 되는 행위
와 감정의 발생 동기들을 충족시킴으로써 우리는 적극적으로 감정
의 문제에 대응을 하고, 이를 통해서 부정적인 감정의 발생을 막고
긍정적으로 전환시키는 것은 물론 우호적이고 협력적인 문제해결
의 분위기를 조성해 갈 수 있는 것이다.

　마지막으로 잊어서는 안될 것은 결코 스스로의 감정을 속이지 말
라는 것이다. 화가 난다면 이를 적극적으로 대응해야지 단순하게
이를 숨기려고 해서는 안 된다. 이미 목소리나 얼굴 표정을 통해서
상대방도 이를 파악할 수 있다. 이런 상황에서는 감정 상태를 솔직
히 말하고 잠시 시간을 갖는 것이 좋다. 스스로의 감정에 이끌려
스스로에게 불리한 판단을 하거나 상대방의 감정을 악화시켜 모든
것을 그르치는 것 보다는 약간의 불편함을 감수하더라도 시간을
요청하여 스스로의 감정을 수습하고 다시 협의를 시작하는 것이
바람직하다.

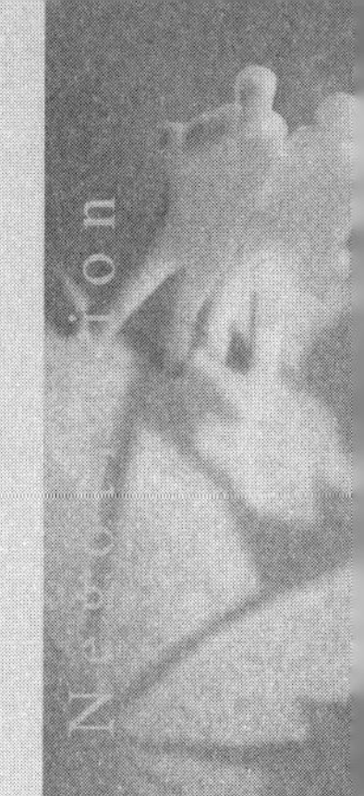

게으른 뇌를 이해하자
판단의 오류에 빠지지 말자

지금까지 많은 이론들은 인간들이 합리적인 이성을 가지고 사고하며 결정하고 선택한다는 것을 전제로 하고 있다. 앞에서 살펴본 것처럼 인간의 감정은 예측하거나 대응하기 어려운 점이 있어 실수를 하기 쉽지만, 감정이 개입되지 않는나면 인간의 이성은 합리적인 판단을 하며 잘못된 오류를 범하지 않을 것이라고 생각하기 쉽다.

정말로 감정이 개입되지 않거나 감정에 적절하게 대응할 수만 있다면 합리적인 사고와 판단을 할 수 있는 것일까? 최근의 많은 학자들은 이 질문에 회의적인 답을 내놓고 있다.

지각의 단계

인간의 사고는 각종 자극에 대해 정보를 처리하는 뇌의 능력에 달려있다. 인간은 정보를 어떻게 처리할까?

사건의 시각이나 청각 등의 감각적 자극은 에너지를 띠게 되는데, 이러한 에너지가 오감에 도달하여 일정한 자극을 일으킨다. 이러한 자극은 뇌로 보내져 감지되고, 뇌는 이를 인식하여 주의의 단계를 시작한다. 주의를 통해서 원천적 자극에 대한 '지각'이 시작되며 이 과정에서 비로소 원래의 자극은 주관적 패턴 등으로 분류되며 개인적인 의미를 갖게 된다. 즉, 지각이라는 것은 환경 속에서 주어지는 자극들을 인식하고, 조직화하여 그 의미를 파악하는 일련의 과정이다. 장미를 보았을 때, '빨갛다' 혹은 '향기롭다'라고 느끼는 것이 일종의 '감각'이며, 이 감각 정보들을 종합하고 과거의 경험이나 학습 등을 바탕으로 '장미다'라고 판단하는 것이 '지각'이다.

우리는 눈에 보이는 것을 지각한다고 생각한다. 하지만 우리는 지각의 과정에서 과거의 경험이나 학습 등을 종합하여 판단하기 때문

지각의 단계

에 오히려 눈에 보이는 대로 지각하는 것이 아니라 자신이 알고 있는 대로 어떤 자극들을 지각하는 것이다. 이런 현상들은 여러 착시 현상들을 보면 알 수 있다.

착시 현상 : 중앙의 원은 주변 원들의 크기에 따라 다르게 느껴진다

위의 그림에서 동일한 크기의 중앙 원은 주변 원들의 크기에 따라서 다르게 느껴진다. 이런 착시가 나타나는 이유는 인간이 사물을 대상물과의 거리를 인식하고 이에 맞춰 그 크기를 인식하기 때문이라고 한다.

또한, 지각은 인간 개개인의 욕구나 동기에 의해 영향을 받기도 한다. 심리학자들의 실험에 의하면, 동전을 보여주고 그림을 그리도록 했을 때, 빈곤한 가정의 아이들이 부유한 가정의 아이들에 비해 더 크게 그린다고 한다. 즉, 욕구의 정도에 따라 사물에 대한 크기나 의미들이 달라질 수 있다는 것이다.

문제의 원인은 바로 뇌의 정보 처리 능력에 한계가 있기 때문이다. 인간은 항상 수많은 정보를 접하지만 순간순간 처리할 수 있는 주의 및 기억의 한계로 인해 일부의 정보에만 관심을 기울이며 나머지 정보는 무시하게 된다. 설령 주의나 기억이 이루어진다고 하더라도 이는 개개인의 동기나 감정 등에 의해서 실제와는 달리 구성, 저장되며, 이 기억이 다시 재생될 때도 편견 등에 의해서 재구성되기 때문에 합리적인 사고의 한계를 보이게 된다. 이런 한계성에도 불구하고 인간은 완벽한 판단을 추구하기 보다는 자신이 처한 상황에서 최대한 빠르고 효율적으로 사고를 하려 한다. 인간에게 감정의 개입이 없다고 하더라도, 노벨 경제학상 수상자인 허버트 사이먼(Herbert Simon) 교수의 말처럼 한계적 합리성(Bounded rationality)만을 가지게 된다. 논리적으로 최적의 결정을 내리기 보다는, 제한된 정보와 시간 내에서 판단과 결정을 내리고 이에 만족해 버리는 것이다. 따라서 통계적인 사실적 자료 보다는 개인의 사전경험이나 지식의 의존도가 높고, 객관적 사실 보다는 주관적 동기의 영향을 많이 받으며 정보의 신뢰성이나 충분성보다는 자기기대의 합당 여부에 따라 판단하는 편향적인 오류를 범하게 되는 것이다.

정보를 선택하여 받아들이기 때문에 발생하는 오류

이러한 인식과정의 문제점의 하나는 바로 선택적이라는 데 있다. 인간은 자극에 대해 선택적으로 반응한다. 또한, 수많은 자극들 속에서 선택적으로 주의를 기울이며, 자신이 원하는 것에 대해서만 선택적으로 인식을 한다. 이런 선택 과정은 실제 현상을 다르게 인식하는 오류를 범하게 된다.

예를 들어, '특정 지역의 사람은 이러하다' 라고 하는 근거 없는 분류를 하고, 그 범주에 속한 모든 사람들은 동일 혹은 유사한 성질을 가지고 있는 것으로 인식한다. 동일한 소리를 계속 듣다 보면 나중에는 그 소리의 존재 자체를 인식하지 못하는 것처럼 연속적으로 자극이 반복되는 경우 이를 정지된 것으로 인식한다. 첫 경험이 좋다면 이후의 불만스러운 경험은 무시하려 하거나, 좋은 차를 타고 다니면 능력이 있는 사람으로 평가하는 것처럼 여러 평기 요소 중 한두 가지의 요소에 큰 가중치를 두고 그 중심 특질만으로 전체를 판단하려는 경향을 갖고 있다. 다음과 같은 오류들이 자주 관찰된다.

- 먼저 제시된 정보가 나중에 제시된 정보보다 더 큰 영향력을 갖는 효과
- 일단 뚜렷한 인상이 형성되면 모순되는 정보는 가치 절하하는 경향
- 시간적으로 나중에 제시된 정보가 인상 형성에 더 큰 영향을 끼치는 효과

- 대상에 대한 분류를 하고, 동일한 범주에 속하면 동일한 성질을 가진 것으로 일반화하는 경향
- 배경적 정보보다 눈에 띠는 정보를 중심으로 인상을 형성하는 경향
- 자신의 경험 등의 주관적, 구체적인 정보 등을 중요하게 여기고 통계 수치 등을 통해서 전달되는 추상적인 정보에 대해 무시하는 경향
- 긍정적 특성과 부정적 특성을 동시에 가지고 있을 때 평가는 중립적이지 않고 부정적인 방향으로 형성
- 일반적으로 다른 사람을 평가할 때, 긍정적으로 평가하거나, 관대하게 보아주려는 경향
- 일반적으로 타인과 자기를 비슷하다고 판단하는 경향

상대방의 행위나 상황의 원인을 찾을 때의 오류

또 한가지 자주 일어나는 인식과정에 있어서의 오류는 어떤 대상이나 사건을 자신의 욕구, 기대, 경험, 가치관 등에 따라 다르게 인식한다는 것이다. 인간은 다른 사람의 행위를 접하거나 어떤 상황에 처하게 되면 그러한 행동이나 상황이 왜 발생했는지를 파악하는 원인 분석의 과정을 거치게 되는데 이를 보통 귀인 과정이라고 한다. 이러한 귀인 과정은 원인, 안정성, 통제할 수 있는지의 여부 등

을 중심으로 파악되게 되는데, 이런 자기 자신이나 타인에 대한 해석에는 많은 주관적인 요소들이 작용하게 된다. 상대방이 어떤 일을 제 때 처리하지 못하면, 우리는 그 사람이 멍청하기 때문이라고 생각하면서도, 자신이 제 때 처리하지 못하게 되면 이는 어쩔 수 없는 상황 때문이라고 생각하는 것처럼 어떤 원인을 판단할 때도 다음과 같은 여러 가지 편견을 가지고 있다.

- 행위의 원인을 행위자의 내부적 특성 탓으로 돌리고 상황의 외부적인 힘을 무시하는 경향
- 행위자는 자신의 행위는 상황의 탓으로, 관찰자의 행위의 원인은 내적인 탓으로 돌리는 경향
- 특정 행동에 대해 타당해 보이는 두 번째 원인이 있게 되면, 첫 번째 원인의 강도는 감소하게 된다. 즉, 처음엔 친절하다고 인정하다가도 나중에 보험 사원인 것을 알면 뭔가 원하는 게 있었기 때문에 친절했던 것이라고 생각히는 경향
- 자기를 긍정적으로 평가하려는 경향
- 자기 주변에서 일어나는 일에 대해 실제보다 많은 통제력을 가지고 있다고 생각하는 경향

판단과 결정 과정의 오류들, 위험·손실의 회피 현상

판단과 결정의 과정에서도 우리가 전통적으로 가지고 있던 합리적이고 논리적 인간관과는 달리 비논리적이고 편향적인 성향을 보인다. 일반적으로 결과의 사건 확률이나 표본 집단의 크기 등에 둔감하며, 확률에 의한 예언 가능성을 무시하고, 어떤 정보를 자기의 기대 결과와 부합 여부에 의해서 판단한다. 주어진 문제의 가치에 따라 그 판단이 달라지기도 하고, 본질적으로 동일한 상황임에도 불구하고 위험 여부에 따라 선택을 달리하기도 하며, 동일한 문제라고 하더라도 어떠한 형식으로 진술되었느냐에 따라 상반되는 결정을 내리기도 한다. 이러한 오류들의 대표적인 예가 바로 위험·손실의 회피(Risk·Loss aversion) 현상이다. 아모스 트벌스키(Amos Tversky)와 노벨 경제학상 수상자인 제임스 캐너먼(James Kahneman)은 심리학을 경제학에 접목시켜 불확실성 하에서의 의사 결정 과정을 밝혔는데, 그들은 인간들이 이익에 관련된 위험(Risk)과 손실에 관한 위험에 대해 다른 태도를 취한다고 주장하였다.

만약 1,000원의 확실한 이익을 얻을 수 있는 방법과 3,000원을 얻을 확률이 50%인 방법이 주어졌을 때, 대부분의 사람들이 1,000원의 확실한 이익을 선택하는 반면(합리적으로는 3,000원의 50%인

1,500원의 이익을 예상할 수 있는 후자의 방법을 선택하는 것이 옳다), 1,000원의 확정된 손실과 3,000원의 손실을 입을 확률이 50%인 상황이 주어지면 인간들은 확실한 손실보다는 50%의 확률적인 위험 상황을 선택한다는 것이다(합리적인 선택은 1,000원의 확정 손실이다. 왜냐하면 후자의 경우 3,000원의 50%인 1,500원의 손실이 예상되기 때문이다). 또한 상황에 따라서도 본질적으로 같은 것을 다르게 판단하는 경향도 발견된다고 주장한다. 3,000원에 살 수 있는 맥주를 1,000원 싸게 사기 위해서는 운전을 하며 도심을 가로질러 갈 수 있지만, 100만 원의 밍크 코트를 1,000원 싸게 사기 위해서는 동일한 행위를 하지 않는다는 것이다. 사실 두 상황에서 1,000원의 객관적 의미는 동일하다. 또한 친구에게 천만 원을 꾸어 달라고 요청 할 때, 처음부터 천만 원을 꾸어 달라고 하는 것과, 처음엔 일억 원을 꾸어달라고 요청하였다가 금액을 낮추어 천만 원을 꾸어달라고 할 때, 각각의 상황에서 천만 원에 대한 심리적인 부담감은 현저하게 다르다는 것을 알 수 있다. 그의 이론에 의하면 인간은 불확실한 상황에서 판단을 내릴 때는 확률이나 효용의 극대화를 따지기보다는 경험 법칙에 의하거나 직관적인 판단을 내리기 쉬우며, 이익과 손실·위험을 객관적으로 판단하지 못하는 경우가 많다고 한다. 또 객관적인 이익보다는 주관적인 가치를 가진 것을 선택하기 쉬우며, 동일한 양의 이익보다는 동일한 양의 손실에 더 큰 영향을 받는다고 한다.

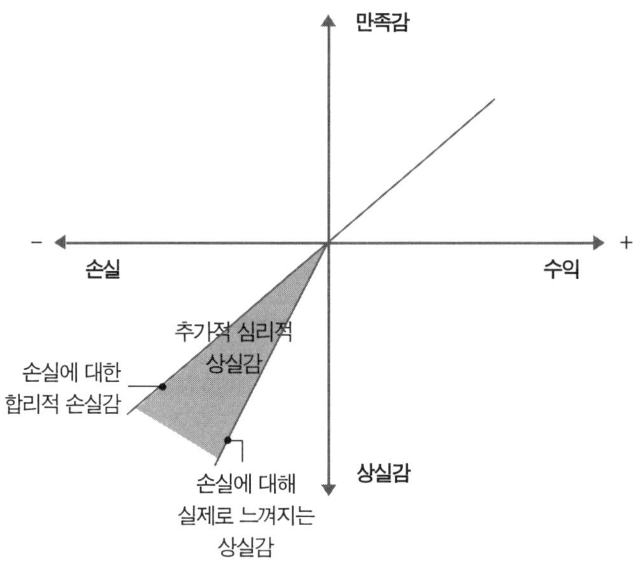

심리적 가치 곡선

손실 면의 위쪽 점선이 나타내는 것은 객관적인 가치의 상실감으로, 동일한 양의 이익과 동일한 양의 손실로부터 같은 양의 심리적인 영향을 받는 것을 말한다. 하나를 얻었을 때의 기쁨의 크기와 하나를 잃었을 때의 슬픔의 크기가 같다는 것이다. 하지만 실제로는 다른 결과가 발견되었는데, 아래쪽 실선에서 볼 수 있듯이 실제로 느껴지는 심리적인 가치의 상실감은 수익의 만족감의 경우보다 가파르게 나타난다. 그 의미는 하나를 잃었을 때 느끼는 심리적인 상실감은 하나를 얻었을 때의 기쁨의 크기보다 더 크다는 것이다. 따라서 인간은 의사 결정을 할 때 하나의 객관적인 가치를 얻는 선택보다는 하나의 손실을 피하는 선택을 하게 된다는 것이다. 손실을 피하는 것이 최우선이고 이익을 획득하는 것은 손실 회피 다음의 문제이다. 이러한 위험·손실의 회피 현상은 광범위하게 나타난다.

위의 1,000원의 할인에 대해 맥주와 밍크 코트의 상황에서 다른 행동을 하는 것처럼, 처음부터 천만 원을 들은 것과 훨씬 더 큰 금액을 들은 후의 천만 원에 대한 심리적인 태도가 다른 것처럼, 또 한가지 인간의 취약점은 바로 관점을 바꾸거나 다른 상황으로 표현을 바꾸면 본질적으로 동일한 상황 하에서도 다른 판단을 한다는 것이다. 즉, 동일한 이슈에 대해서도 표현 방법이나 상황에 따라 다른 결론에 도달한다는 것이다.

트벌스키와 캐너먼은 다음과 같은 실험을 하였나. A, B 그룹의 사람들에 대해 아래의 질문을 던지고 각각 주이진 두 개의 대책 중 하나를 선택하게 하였다.

질문 | 600명의 희생자가 발생할 것이라고 예상되는 질병에 대한 대책을 세우고 있다. 다음 중 어떤 대책을 선택할 것인가?

A 그룹에게 아래의 두 가지 중 하나를 선택하게 하였다.

① 200명은 반드시 살릴 수 있는 대책

② 600명 전체가 살 확률은 1/3이지만 반면에 600명 전체가 죽을 확률도 2/3인 대책

B 그룹에게는 아래의 두 가지 중 하나를 선택하게 하였다.

① 400명의 희생은 불가피한 대책

② 600명 전체가 살 확률은 1/3이지만 반면에 전체가 죽을 확률은 2/3인 대책

재미있는 결과는 응답에 참여한 A 그룹의 72%가 ①의 대책을 선택하였으며, 오직 28%만이 ②의 대책을 선택한 반면, B 그룹의 경우엔 22%만이 ①의 대책을 선택하였고, 나머지 78%가 ②의 방안을 선택하였다는 것이다. 실제로 ①의 대책은 A와 B 그룹 모두 본질적으로 큰 차이가 없다. 200명의 생존 가능성과 400명의 희생이라는 결과를 예상하고 있다. 하지만 200명의 생존이라는 긍정적인 결과(잠재적 이익)로 제시한 경우와 400명의 희생이라는 부정적인 결과(잠재적 손실)의 형태로 제시한 경우, 응답에 참여한 사람들은 다른 판단을 하게 된 것이다. 생존자라는 이익의 형태로 제시한 A 그룹의 경우, 200명을 구할 수 있다는 확정된 이익인 ①을 선택하고, 전체가 죽을 수도 있다는 위험이 있는 ②의 대책을 회피하려고 하였지만, 400명의 희생이라고 하는 손실로 제시한 B 그룹의 경우엔, 400명의 확정적인 손실인 ①의 대책 보다는 전체가 살 수 있는

가능성이 1/3있지만 전체가 죽을 수도 있는 위험이 있는 ②의 대책을 선호하게 되는 것이다. 따라서 이 실험을 통해서 두 가지의 결과를 생각해 볼 수 있다. 첫째는 동일한 것이더라도 어떤 관점(여기에서는 생존자라는 이익과 희생자의 손실로)에서 어떻게 표현하느냐에 따라서 다른 판단을 유도해 낼 수 있다는 것이고, 둘째는 잠재적 이익이 예상되는 상황에서는 위험을 회피하려고 하고, 잠재적 손실의 경우엔 상대적으로 위험을 선호한다는 것이다.

위의 실험 결과를 실제 협상에 적용해 보자. 영업 사원들과 이야기를 해보면, 거의 대부분이 가지고 있는 생각이 구매자는 '갑'이고 판매자는 '을'이라고 하여 항상 '갑'은 '을'보다 우월한 지위에 있다는 것이다. 실제로 양자의 경제적인 힘이 동일한 상황에서도 이런 현상이 나타나는데, 왜 구매자는 판매자보다 우월한 입장에 서게 된다는 생각을 하게 뇌었을까? 맥스 베이서만(Max Bazerman)은 그의 저서 '합리적으로 협상하기(Negotiating rationally)'에서 그 이유는 바로 거래를 물건과 금전의 교환이 아닌, 단순한 화폐의 교환이라는 측면에서 생각하기 때문이라고 주장한다. 즉, 판매자의 판매를 통해서 발생할 매출액을 생각하고, 구매자는 거래로 인해 지불해야 할 대금을 중심으로 생각하기 때문이다. 이런 상황 하에서는 구매자는 항상 구매 대금을 예상되는 손실로 인식하여 위험을 상대적으로 선호하여 상대의 제안이 만족스럽지 않으면 쉽게 거부하게 되고, 판매자는 매출액을 잠재적 이익으로 인식하기 때문에 위험을 회피하기 위하여 상대방의 제안을 가능한 한 받아들이려는 행동을 취하게 되는 것이다.

그러면 어떻게 이런 잠재적인 인식의 틀을 극복할 수 있을까? 첫째, 무의식적으로 나타나는 위험이나 손실의 회피 현상을 인식하고 극복하여야 한다. 어떤 위험이나 손실을 직관적으로 회피하려 할 것이 아니라, 판단 이전에 객관적인 검증 과정을 통해서 검토해 보아야 한다. 실제로 기대되는 이익이 어느 정도이고 예상 되는 손실이 무엇인지를 계산해 보고 이에 근거하여 판단을 하여야 한다. 둘째, 관점이나 표현 방법의 재구성을 통해서, 상대방이 제안을 잠재적 이익의 형태로 제시한 것은 아닌지 확인해 볼 필요가 있다. 제품의 판매의 경우엔, 제품 자체나 제품의 구매로 발생할 이익에 초점이 맞추어져 있는지 혹은 단순한 가격에 대한 협상이 진행되고 있는지를 판단해 보아야 한다. 가격이나 제품의 잠재적 이익 중 어떤 것이 중점적인 이슈로 진행되느냐에 따라서 구매자와 판매자의 위험에 대한 선호, 회피 현상은 달라질 수 있다. 가격을 중심으로 진행되는 경우, 구매자를 중심으로 판단해 보면 거래 자체를 손실로 보아서 위험 선호 현상을 보여 줄 것이며, 만약 구매를 통한 잠재적 이익의 관점에서 진행될 경우, 구매자는 잠재적 이익을 예상하게 되므로 위험의 회피 현상을 보일 수 있다.

또 다른 상황을 검토해 보자. 판매자의 입장에서 제품의 가격 인상이 필요한 경우, 다음과 같은 협상이 일어날 수 있다.

현재 가격은 1,000만 원이고 인상하려는 가격은 1,100만 원이라고 가정해 보자. 가격을 인상하려고 할 때, 현재의 가격과 인상된 가격을 단순 비교하는 식의 협상은 항상 잠재된 손실(현재가 − 인상된 가격 = −100만 원)만을 구매자에게 제시하게 되므로 위험 선호 현상을 불러 일으킬 수 있다. 따라서 인상된 가격이 아닌 다른 기준이 되는 금액들, 예를 들면, 실제 원가가 상승된 부분이라던가, 현재 동일 성능 제품의 시장가격 등을 기준으로 손익 여부를 다시 따져볼 필요가 있다.

만약 유가 상승이나 환율의 변동 등의 원가 상승분을 전부 고려한 가격이 1,200만 원이고, 동일 성능 제품의 시장 가격이 1,150만 원이라고 가정힐 때, 실제 원가의 상승분이나 시장가 등을 기준으로 하는 경우, 제품 가격 자체가 상승했다고 하더라도, 그 상승폭이 손실이 아닌 잠재적인 이익(원가 상승분 기준 : 100만 원, 시장가 기준 : 50만 원)의 형태로 제시될 수 있는 것이다. 이 경우 상대적으로 구매자로 하여금 위험을 회피하도록 유도해 갈 수 있고, 결과적으로 인상 제안을 받아들일 가능성을 높일 수 있게 된다.

이렇게 우리가 직관적으로 합리적인 것처럼 생각하는 많은 판단의 과정들 속에 실제로는 많은 오류들이 발생한다. 스스로의 욕구나 동기에 의해서 왜곡되기도 하며, 무의식 중에 발생하는 많은 편향된 지각 과정, 정보를 선택적으로 받아들임으로써 발생하는 오류 등 숱한 오류들에 근거하여 우리는 판단을 한다. 결론적으로 이러한 오류들을 미리 인식하고 이에 대처하는 방안을 사전에 생각해 보는 것은 협상에 있어서 잘못된 판단을 막고, 상대방의 이런 오류를 역이용하려는 시도를 근본적으로 차단하는 데 큰 도움이 될 것이다.

설득의 기술을 이해하자
속이지도 속지도 말자

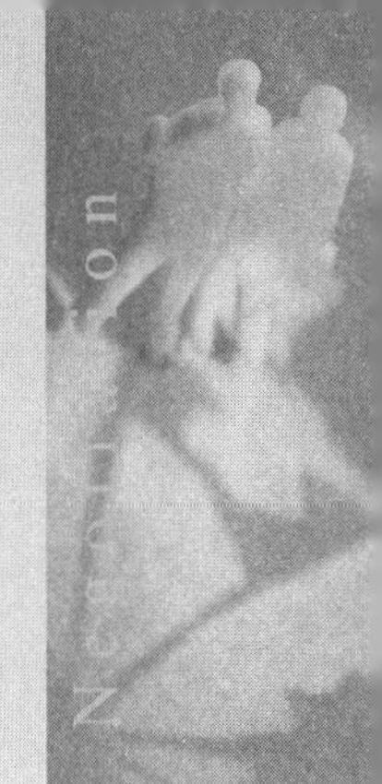

우리는 어떤 문제에 대해 자신의 입장이나 태도를 가지고 있다. 예를 들어 '나는 익히지 않은 것은 먹지 않는다'라고 하는 특정 음식에 대한 어떤 태도를 가지고 있다고 한다면, 그 사람은 이 입장을 특별한 이유가 없는 한 고수하려고 한다. 사람들은 이떤 입장이니 태도를 갖게 되면 어느 정도의 일관성을 가지고 그 경향을 유지하려고 한다. 하지만 내적인 동기나 외적인 상황변화에 의해서 태도가 변경될 수도 있는데, '생선회가 좋아졌다'는 내적인 동기의 변화나 외적으로 '익히지 않은 음식이 더 몸에 좋다'라는 등의 새로운 정보를 통해서 그 태도가 바뀔 수 있다.

태도나 입장이 가지고 있는 일관성은 좀처럼 쉽게 바뀌지 않는다. 만약 대상에 대한 정서적인 유대가 존재한다면 변화는 한층 어렵다. 결국 우리는 상대방의 입장이나 태도를 자신에게 유리한 방향으로 바꿀 수 있을까를 고민하게 된다.

그렇지만 상대방 스스로의 사고의 과정을 통하지 않은, 스스로의 내적, 외적 동기의 변화를 통하지 않은 설득의 강요는 당장은 쉽게 상대방의 변화를 유도해 낼 수 있을지도 모르지만 궁극적으로 상대방은 스스로가 합리적이지 못한 판단을 내렸다는 것을 곧 알아차리게 되고, 타당하지 않은 영향력의 행사로 인해 결국 방어적인 자세나 혹은 공격적인 반응을 불러 일으키거나 신뢰감의 획득을 더욱 어렵게 할 수 있다.

호감의 법칙

논리적이고 타당한 이유에 근거한 상대방에 대한 설득과 단순히 사고의 왜곡 현상을 이용한 상대방에 대한 지배 혹은 영향을 끼치는 것은 분명히 구분되어야 한다. 가장 쉬운 예로 '호감의 법칙'에 대해 이야기 해보자. 호감의 법칙에 의하면 사람들은 좋아하는 것에 의해서 쉽게 자신의 태도를 바꾸는 경향이 발견된다. 호감의 원천으로는 신체적 매력, 공통점이나 칭찬해 주는 사람 등 자신에게 우호적인 사람들이 있다. 이는 자신의 태도의 변화에 대한 합리적인 이유가 존재하지 않음에도 불구하고 본질적인 문제와는 전혀 무

관한 호감의 대상에 이끌려 자신의 태도 변화가 유도되는 것이다. 우리는 고향이 어딘지, 학교를 어디를 나왔는지 하는 질문을 많이 듣게 된다. 이런 호감의 법칙을 이용하려고 하는 사람은 같은 고향, 같은 학교 출신, 같은 취미를 가진 것처럼 가장하여 자신의 원하는 방향으로 상대방의 판단을 유도해 내려고 한다.

우리가 지금까지 익혀온 설득의 기술에는 무엇이 있고, 또 어떻게 하면 그 설득의 함정에 빠지지 않고 합리적인 생각을 통해서 판단하고 행동을 결정할 수 있을까? 심리학자인 로버트 치알디니(Robert B. Cialdini)는 『영향력(Influence)』이라는 책에서 인간의 태도 변화를 일으키는 다음과 같은 여러 현상들을 설명하고 있다.

대조의 원리

대조의 원리에 의하면, 비싼 것을 보여주고 나서 이 보다 싼 것을 보여주면 후자의 것을 실제보다 더 싸게 느낀다고 한다. 아주 무거운 것을 들게 하고 좀 가벼운 것을 들게 하면 실제보다 더 가볍게 느낀다. 비싼 물건을 사고 나면 싼 물건을 사는 것이 훨씬 쉽게 느껴진다. 마찬가지로 비싼 자동차를 어렵게 계약하고 나면 차에 들어가는 여러 옵션들은 왠지 쉽게 추가하게 된다. 보험의 경우도 비숫하다. 10여만 원의 보험금을 대략 결정하고 나면, 크지 않는 몇 천 원의 추가 보장들은 상대적으로 쉽게 구매하게 된다.

희귀성의 법칙

희귀성의 법칙은 귀한 것은 가치가 높다는 편견과 상실에 대한 두려움, 무언가를 선택할 기회(자유)를 상실할 수도 있다는 두려움을 자극하여 행동을 취하게 한다. 또한 희귀성은 경쟁을 부추기는 이유가 된다. 홈쇼핑을 보다 보면 한정 상품이라던가 몇 대가 남지 않았다는 문구를 자주 보게 된다. 이런 것들이 바로 희귀성에 대한 심리를 이용하는 것이다.

기타 설득의 기술들

또한 이미지, 옷차림, 직함 등의 권위에 의해서도 쉽게 설득되는 경향이 발견된다. 깔끔한 정장 차림을 한 사람일수록, 좋은 차를 타거나 혹은 그럴듯한 타이틀을 명함에 지니고 다니는 사람에게 사람들은 영향을 받기 쉽다. 목소리를 통해서도 근거 없는 판단을 내리기도 하는데, 예를 들어 중저음의 목소리를 들었을 때 신뢰감을 가장 많이 느끼고, 목소리의 톤이 높아질수록 신뢰감을 잃는 경향이 있다고 한다. 사실 신뢰감과 목소리의 톤과는 전혀 연관성이 존재하지 않는다.

그 외에도 다음과 같은 전형적인 설득의 기술들이 알려져 있다.

- 문간에 발 들여 놓기 : 작은 일부터 받아 들이게 하면, 나중에 큰 일도 쉽다(장기적 과정에 큰 효과).
- 문전박대 효과 : 처음에 큰 요구를 하고, 거절 되면 작은 것을 요구(단기에 효과)
- 낮은 공 기법 : 처음에 적당히 얼버무려 받아들이게 하고 나중에 구체적인 언급. 처음부터 구체적으로 접근 하는 것보다 설득이 쉽다.
- 덤 끼워 주기 : '당신에게만 특별히' 혹은 '오늘만 특별히' 한정성을 주며 덤을 준나고 하년 쉽게 접근이 된다.

또 한가지 기억할 만한 것은 바로 동조현상이다. 일반적으로 사람들은 쉽게 주변의 영향을 받는데 흔한 예로 주변 사람들이 웃으면 실제로 웃기지 않더라도 웃게 된다. 이는 불명확한 상황에서 타인을 통해서 정보를 얻기도 하고, 심리적으로도 집단에서 이탈되는 것을 두려워하여 동조현상이 일어난다고 한다. 이는 자기 확신이 적을수록, 응집성이 클수록, 집단의 크기가 클수록 강하게 나타난다고 한다.

하지만 위의 설득의 기술들은 결코 본질적인 문제나 태도에 대한 합리적인 설득의 과정이 아니다. 단순히 심리적인 판단의 오류들을 이용한 영향력의 행사인 것이다. 기본적으로 상대방과의 대화의 과정에서 심리적인 영향력 행사와 본질적인 문제에 대한 해결을 명확히 구분해서 접근할 필요가 있다. 이러한 설득의 효과는 이를 듣는 사람이 사전에 이를 인식하는 경우 그 효과가 현격히 떨어진다. 대처 방법을 미리 숙지하고 있기 때문에 쉽게 설득 당하지 않는 것이다. 또한 이런 심리적인 방법을 이용하여 상대방에게 영향력을 행사하려는 마음을 버려야 한다. 상대방이 이를 알아챈다면 결국 서로에 대한 신뢰감은 무너지고, 문제의 해결을 더욱 어렵게 할 뿐이다.

나를 속이는 가장 큰 적은 바로 나 자신이다

나를 속이고자 하는 가장 큰 적은 바로 자신임을 기억하자. 인간은 자신의 나약하고 비합리적인 행위를 자신의 현실 인식을 왜곡함으로 정당화하려는 경향을 가지고 있다. 많은 심리적인 전술들은 이러한 심리적 왜곡현상들을 이용한다. 최근 들어 '고가 전략', '불친절 마케팅 전략'을 자주 보게 된다. 이는 구매자의 우월감이나 콤플렉스를 이용하거나 존재하지 않는 가치에 대해 '고가' 혹은 '불친절'에 대해 구매자 스스로가 가치를 부여하게 만든다. '비싼 걸

보면, 그만한 가치가 있을 것이다.', '이렇게 불친절하게 장사하는 걸 보면 뭔가 있나보다.' 등 구매자 스스로를 설득하는 도구로 사용하는 것이다. 본질적인 사실과 이런 심리적인 전술을 구별하는 능력이 필요하다. 심리적으로 영향력을 행사하려는 시도들을 단호하게 거부하고 문제에 바로 다가갈 때 합리적인 판단과 설득, 진정한 의미의 문제해결이 가능해진다.

○ 인간이 협상을 하기 위해서는 지각과 감정이 필연적으로 수반된다. 지시받은 그대로 수행할 수 있는 기계와는 달리 인간은 바로 이 감정과 지각이라는 변수로 인해 합리적인 예상과는 다른 행동이나 판단을 할 수 있다. 따라서 성공적인 협상을 위해서는 반드시 인간을 이해해야 한다.

○ 감정은 협상 중에 버려지지 않는다. 긍정적으로 활용해야 한다. 하지만 감정 자체에 직접 대응하는 것은 어렵다.

○ 감정을 읽어야 활용할 수 있다. 감성 지능 기술을 통해 나와 상대방의 감정을 읽을 수 있다.

○ 생리적 변화가 감정을 일으킨다. 행동을 통해 자신의 감정에서 벗어나라.

○ 인간은 욕구가 충족되지 않을 때 불안해지기 시작한다. 이 불안감은 부정적인 감정을 일으키고, 결국 공격적 행위나 방어 행위를 불러 일으키기 쉽다. 이런 공격과 도피는 바로 대결의 협상이나 양보형의 협상으로 발전하기 쉽다. 감정이 발생하기 전에 먼저 상대방의 기본적 욕구들을 충족시켜라.

○ 지각 과정에서도 많은 오류들이 발생한다. 합리적으로 생각했다고 믿은 많은 판단들도 오류에 의한 것들이 많다. 오류를 이해해야 바른 판단을 할 수 있다.

○ 정보를 선택적으로 받아들이기 때문에 오류가 발생한다.

○ 상대방의 행위나 처해진 상황의 원인을 찾을 때도 오류가 발생한다.

○ 불확실한 상황에서는 위험 · 손실의 회피 현상이 나타난다.

○ 소위 설득의 법칙은 지각 과정의 오류를 이용한 것들이다. 속지도 속이지도 말자.

대화의 기술

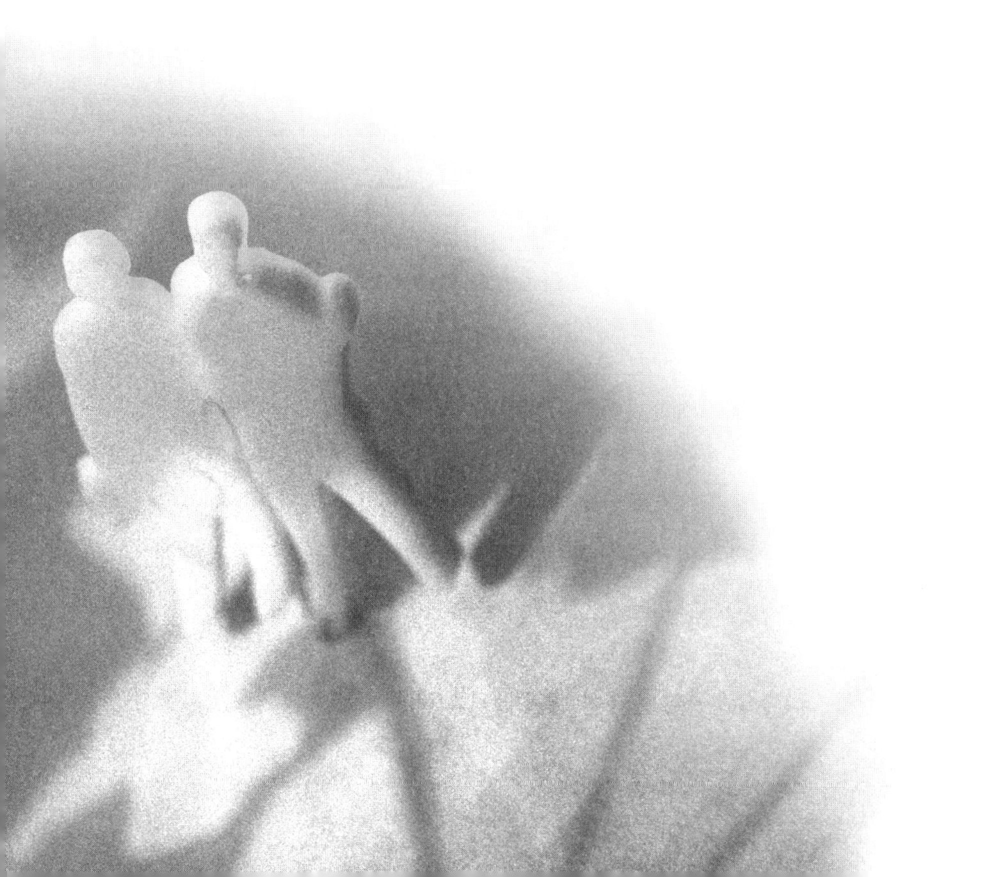

협상에서 상대방을 움직이는 가장 큰 힘은 바로 침묵에서 나온다.
가장 뛰어난 대화의 기술은 바로 귀는 열고 입은 다무는 것이다.

표현하지 않은 의도는 전달되지 않는다

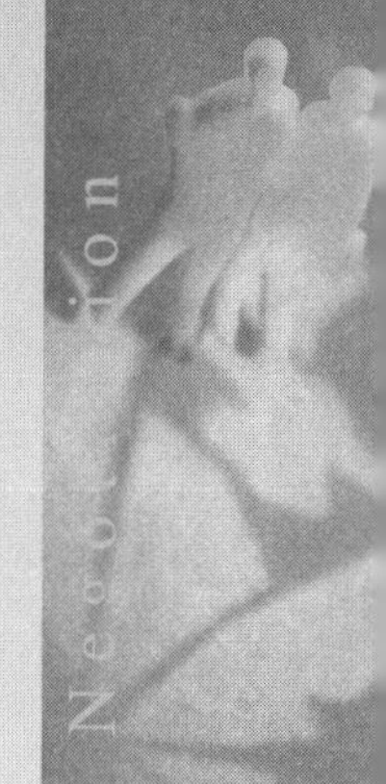

　협상은 대화를 통해서 이루어진다. 따라서 대화의 방법과 기술은 성공적인 협상을 위해서 없어서는 안 될 중요한 기초가 된다. 하지만 대화의 기술은 우리가 언어를 습득하는 것처럼 자연스럽게 얻어지는 기술이 아니다. 의외로 많은 사람들이 자신의 의사소통 능력에 내해 낙관적인 평가를 내리고 있다. 하시만 수많은 분생과 갈등온 오헤에서 시작되었고, 그런 오헤는 비로 대화 기술의 부족이 원인이었다. 말 한마디 실수가 상대방에게 큰 상처를 주기도 하고 서로를 돌이킬 수 없는 관계로 만들어 버리기도 한다.

　자신을 있는 그대로 보여주는 것, 상대방이 전달하기를 원하는 메시지를 그대로 이해하는 것은 당연히 쉬워야 할 것 같지만, 결코 그렇지 않다. 우리는 '마음이 문제지' 라고 하며, 마음만 가지고 있으면 왠지 상대방이 이해해 줄 것 같은, 아니 이해해야 한다는 지나치게 비현실적인 생각을 가지고 있다. 아버지는 밤마다 차를 가지고 나가는 아들에게 핀잔을 주면서, 자신의 핀잔보다는 '아들을 걱정하는' 마음을 이해해 주기를 원한다. 어머니는 공부를 안하고 TV만을 보는 아이들을 꾸중하면서, 꾸중보다는 '아이들을 생각하는' 자신의 마음을 이해해 주기만을 기대한다. 하지만 그런 기대는 좀처럼 이루어지지 않는다. 우리의 기대와는 달리 마음 그 자체로는 현실 속에서 아무런 의미도 전달하지 못한다. 마음은 표현되어야 하며 적절한 시간에, 적절한 방법을 통해서 이루어져야만 그것이 전달될 수 있다. 설령 적절하게 표현되었다 할지라도 그것이 제대로 이해되지 않는 경우도 허다하다. 표현 방식이 어려웠거나 지나친 논리적 비약이 있는 경우 제대로 이해되지 못하는 경우가 많다. 또한 동일한 표현도 서로 다른 의미로 이해될 수 있다. 고양이는 반가울 때 꼬리를 내리지만 강아지는 반가울 때 꼬리를 올리고 흔든다. 그래서 고양이와 강아지는 항상 만날 때마다 싸울 수 밖에 없다. 그렇듯이 동일한 상황에서의 표현이 다를 수도 있고 미숙한 표현 방법이나 차이는 많은 오해를 낳기도 한다.

이러한 쉽지 않은 표현 능력에 대해서도 많은 사람들이 지나치게 과신하고 있는 듯하다. 의외로 자신의 표현 능력, 대화 능력, 의사소통 능력에 대해 부족하다고 느끼는 사람들은 그리 많지 않은 것 같다. 마치 우리가 성장하면서 언어를 습득하는 것처럼 자연스럽게 자신의 표현 능력이 향상되었다고 믿는 경우가 많다.

아무리 좋은 생각을 가지고 있어도 그것이 바르게 표현되고, 그대로 상대방에게 이해되지 않으면 현실적으로 아무런 의미도 갖지 못한다. 우리는 상대방의 마음을 읽을 수 있는 능력을 갖게 되거나 마음을 알게 되는 우연한 기회가 다가오는 영화 속에서 사는 것이 아니다. 단 한번 이해의 기회가 존재할 때, 그것을 놓치면 영원한 오해만으로 기억되는 그런 차가운 현실 속에서 살고 있다. 대화의 기술, 표현의 기술을 익혀야 한다. 또한 표현을 통해서 상대방의 마음을 읽을 수 있는 능력을 길러야 한다.

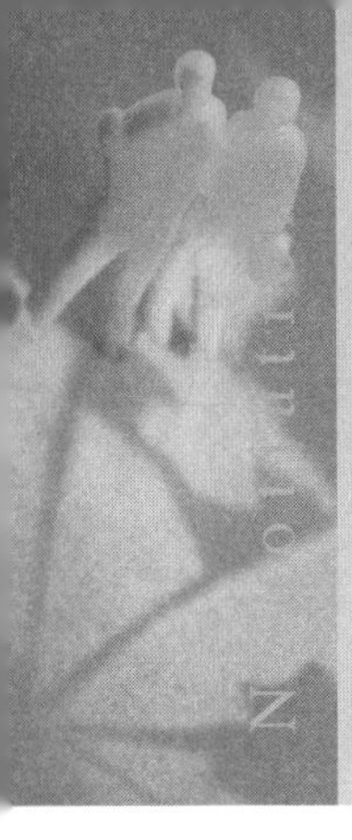

질문에도 기술이 있다

한 연구에 의하면 협상 중 약 40%의 시간은 정보수집과 확인에 사용된다고 한다. 그만큼 정보는 중요하고 협상력의 기반이 되고 있다고 해도 과언이 아니다. 정보를 얻는데 가장 직접적이고 좋은 방법은 물론 질문을 하는 것이다. 그럼 어떤 질문이 상대방으로부터 많은 정보를 효과적으로 이끌어낼 수 있을까?

폐쇄형 질문과 개방형 질문

질문의 유형에는 크게 개방형 질문(Open ended question)과 폐쇄형 질문(Closed question)이 있다. '예', '아니오'로 대답할 수 있는 폐쇄형 질문에 비해 개방형 질문은 솔직하고 개인적이며 자발적인 답을 이끌어 낼 수 있다는 장점이 있다.

폐쇄형 질문 ▶▶ "이렇게 하면 문제가 해결되겠죠?"
개방형 질문 ▶▶ "어떻게 하면 문제가 해결될까요?"

따라서 표현에 제한을 가져오는 폐쇄형 질문에 비해 개방형 질문은 정서적인 면을 포함한 다양한 정보의 수집이 가능해져 보다 효과적이라고 할 수 있다. 협상에서는 실질적인 문제 이외에도 많은 개개인의 정서적인 부분, 상호간의 복잡한 이해관계를 이해하는 것이 문제해결에 있어서 중요한 요소임은 앞에서도 여러 번 설명하였다. 따라서 협상 이슈 자체에 대한 정보와 함께 개인적인 가치관과 솔직한 의견을 찾아내기 위해서는 개방형 질문이 훨씬 바람직하다고 할 수 있다.

유도 질문을 피하라

문장이 단지 질문의 형태를 가지고 있다고 하여 다 질문으로서의 역할만을 하는 것은 아니다. 질문은 오히려 상대방에게 정보를 전달하기도 하고, 권고의 성격을 띠기도 하며 자신의 주장을 강조하기 위해 사용하기도 한다. 협상 중 많이 발견되는 실수는 질문이 필요하다는 것을 인식하면서도 실제로는 상대방의 의견을 묻는 것이 아니라 자신의 생각을 질문의 형태로 강요하는 것이다. 자신의 주장을 질문의 형태로 전달하면서, 스스로는 질문을 통해 상대방의 의견을 물었다고 잘못 생각하는 것이다. 그 대표적인 예가 상대방을 이끌어 가려고 하는 유도 질문(Leading question) 이다.

> 유도 질문 ▸▸ "이렇게 한다고 해서 문제가 해결되지 않는다는 것은 알고 계시죠?"

이는 상대방에게 자신의 의견이 존중받기 보다는 다른 의견을 강요받고 있다는 느낌을 줄 수 있으므로 매우 조심해야 한다.

개인적 문제나 민감한 문제는 간접적 질문법이 효과적이다

협상이나 대화를 하다 보면 모든 질문에 답을 얻을 수 있는 것은 아니다. 질문에 대해 개인적인 가치관의 문제, 인간관계에 대한 고려, 자신의 체면이나 위신 등을 이유로 의식적으로 혹은 무의식적으로 진실된 응답을 회피하거나 거절하는 경우가 있는데, 이러한 경우에는 개방형 질문과 같은 직접적 질문법 보다는 투사법과 같은 간접적 질문법을 사용하는 것이 좋다. 상대방의 행위 동기 등과 같이 무의식적인 부분에 대한 질문도 직접적 질문보다는 간접적 질문법을 이용하는 것이 좀더 진실된 정보를 찾아내는데 도움이 된다. 대표적인 간접적 질문법인 투사법은 상대방 본인에 대한 질문이 아니라, 유사한 인물 혹은 사물에 대한 질문을 함으로써 상대방으로 하여금 자신의 문제가 아닌 객관적인 제3자의 입장에서 답을 하게 한다. 그렇게 하여 이해관계에서 벗어나 솔직한 답을 들을 수 있게 하는 것이다. 예를 들어, 상대방에게 여가 시간에 무엇을 하는지 물어봐야 하는 경우 직접적인 질문은 정확한 답을 얻지 못할 수도 있다. 왜냐하면 만약 여가 활동이 다른 사람이 흔히 하는 활동이 아닌 경우, 사람들은 자신의 것이 아닌 많은 사람들이 하고 있을 거라고 생각되고 쉽게 받아들여질 만한 것으로 말하기 쉽다. 이 경우에는 주변 사람이라던가 비슷한 나이의 다른 사람들이 여가 활동으로 하고 있을 거라고 생각되는 것이 무엇이냐는 식의 간접적 질문으로 좀 더 솔직한 대답을 이끌어 낼 수 있다.

여러 질문의 배열방법

여러 종류의 질문을 해야 하는 경우, 어떻게 질문을 배열할 것인가도 고려해 보아야 한다. 소위 깔때기 기법(Funnel technique)을 이용하여 질문을 배열하는 것이 좋은데, 이는 일반적인 내용에 관한 질문을 구체적이고 특별한 내용에 대한 질문보다 앞에 오게 하는 것이다. 처음에 간단하고 대답하기 쉬운 질문으로부터 시작하여 상대방으로 하여금 편안함을 이끌어낼 수 있기 때문이다. 만약 질문이 서로 연상작용을 불러 일으킬 수 있는 경우에는 약간의 간격을 두어 질문에 대한 응답이 다른 질문에 의해서 오염되는 것을 막는 것이 좋다. 상대방에게 먼저 어떤 기계의 전체 원가를 물어보고 나서, 그 구성 부품의 원가들을 바로 물어본다면, 전체 원가에 부품 가격을 적당히 맞추기 위해 각 부품의 원가들을 실제와는 다르게 말할 수 있다. 즉, 전체 원가에 대한 질문이 각 부품의 가격에 대한 질문에 영향을 미치고 있는 것이다. 이러한 경우 전체 원가에 대한 질문을 한 후, 다른 기술적인 부분들, 예를 들면 구체적인 기계의 성능 등에 대한 질문을 하고 다시 각 부품의 가격에 대해 물어본다면 답변을 하는 사람은 두 질문의 연관성을 찾기 어렵게 되고, 따라서 좀 더 솔직한 답변을 기대할 수 있는 것이다. 또한 대답하기 어려운 질문은 가능하면 분산시켜 놓아서 까다로운 질문을 반복해서 상대방의 집중력을 떨어뜨리지 않는 것이 좋다.

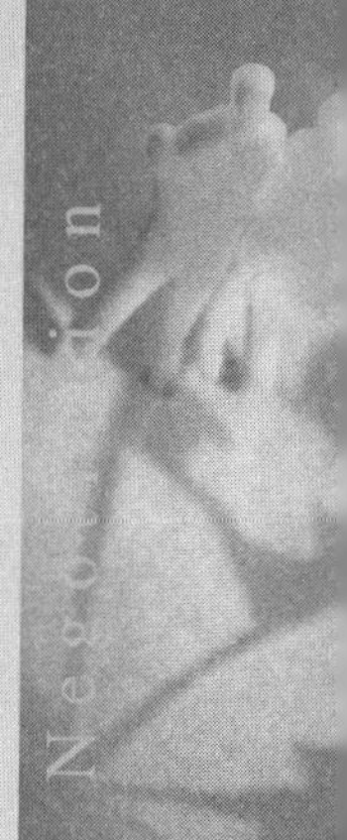

해결 중심의 대화를 하라

문제 중심의 대화와 해결 중심의 대화

창의적 협상을 위한 대화 내용의 방향도 가능한 한 '문제 중심' 보다는 '해결 중심'으로 하는 것이 좋은데, 이 두 모델은 다음과 같 이 정리될 수 있다.

일반적으로 해결 중심의 질문을 했을 때 상대방은 자신의 주관적 관점이나 의견이 인정되고 반영된다는 느낌을 갖기 쉬우므로 문제

문제 중심(Problem focused)	해결 중심(Solution focused)
문제와 해결책 사이에 관계 존재	문제와 해결책은 별개
객관적 문제의 원인 분석에 초점	주관적 문제해결책에 초점
평가와 진단이 반드시 필요	평가와 진단은 해결 능력의 일부
'왜, 누구에 의해 발생했는지?' 중심	'어떻게 해결할 수 있는가?' 중심

해결 과정에서의 저항이 발생하지 않는 장점이 있다. 해결책을 지향함으로써 공동으로 찾아가는 과정에서 협력적인 관계가 형성되기 쉽고 미래지향적이다.

협상에는 분쟁 해결의 협상과 같이 누군가의 잘잘못을 반드시 따져야 하는 경우가 없는 것은 아니다. 하지만 전적으로 누구의 잘못인지 가려내는 것으로 문제가 해결되는 경우는 거의 없다. 갈등이나 문제가 발생했을 때 무엇보다도 중요한 것은 이를 회피하거나 즉각적으로 문제나 갈등의 존재를 자기 방어적으로 부정하는 것이 아니라, 이미 일어난 문제에 대해 대처하고 어떻게 해결책을 찾아갈 것인가 하는 긍정적이면서도 문제해결의 방향으로 대화를 이끌어 가는 것이다.

문제해결의 대화를 위해서 다음과 같은 기술들을 익혀 놓는 것이 좋다.

- **상대방의 말을 적극적으로 들을 것**
  상대방이 말하는 중요한 부분은 반복해 주거나, 고개를 끄덕이는 등의 동의를 표하는 비언어적 표현을 한다. 상대방이 말하고자 하는 것뿐만 아니라, 마음의 귀를 열어 상대방의 감정에도 주의를 기울인다.
- **상대방의 입장에서 생각하고 공감하기**
  원만한 대화의 기본은 상대방의 입장에서 생각할 수 있는 능력이다. 그 사람이 보는 대로 세상을 보고 느낄 수 있어야 한다. 상대방의 반응이 일반적인 예상과 달리 왜곡되거나 지나친 경우 그 감정의 배경과 이유를 알고 반응을 하면 문제 해결에 훨씬 큰 도움이 될 수 있다.

- **자기 개방**

자신의 감정이나 생각을 솔직히 드러냄으로써 상대방의 개방을 유도해 내는 것도 좋다.

- **침묵을 효과적으로 이용한다**

일반적으로 사람들은 침묵을 잘 견디지 못한다. 그러한 불편함에서 불필요한 말들을 하게 되고 이런 것들이 오해를 일으키는 악순환이 일어나기도 한다. 침묵은 두 가지 효과가 있다. 첫째는, 상대방으로 하여금 더 많은 대화를 하게 한다는 것이고, 둘째는 자신의 불필요한 말을 줄임으로써 오해나 지나친 정보의 제공을 막을 수 있다는 것이다. 하지만 침묵이 지나치게 길면 반대로 불편한 분위기를 만들 수도 있으므로 상황에 맞는 적절한 수준의 침묵을 효과적으로 다룰 수 있어야 한다.

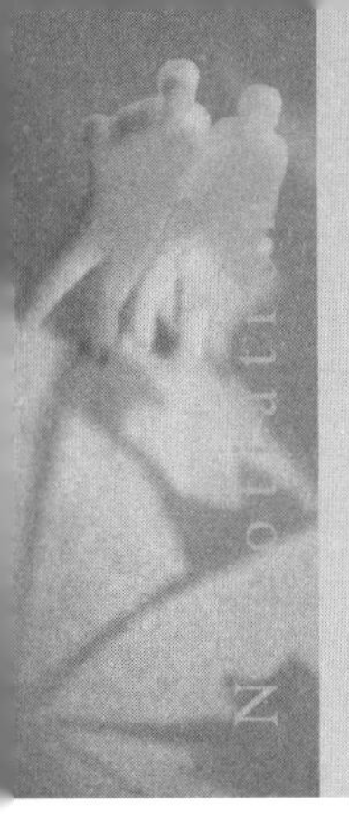

문장의 중심을
당신(You)에서 나(I)로 전환하라

문제해결 중심의 대화에서는 문장을 상대방(You) 보다는 자신 (I)을 중심으로 하는 것이 바람직하다. 우리는 협상이나 흥정을 할 때 많은 시간을 상대방이 '무엇을', '왜' 했는지를 이야기하면서 보낸다. 그리고 상대방을 중심으로 문제를 재구성한다. 하지만 만약 상대방이 그 주장에 동의하지 않는다면 결국 어떻게 반응할 것인 가? 아마도 그 주장을 무시하려 하거나 부당함을 지적하며 흥분할 지도 모른다. 결국 불필요한 감정적 대응을 불러 일으키는 것이다. '나'를 중심으로 만들어진 주장과 표현은 좀처럼 상대방의 공격을 받기 어렵다. 다음의 대화들을 비교해 보자.

상대방(You) 중심 ▶▶ "당신이 거짓말을 했잖아요."

자신(I) 중심 ▶▶ (당신의 말로 인해) "내가 결과적으로 이런 어려
운 상황에 처하게 되었네요."

상대방(You) 중심 ▶▶ "당신이 절 부당하게 대했잖아요."

자신(I) 중심 ▶▶ "제 기분이 좀 불쾌하네요."

상대방을 중심으로 하든 자신을 중심으로 하든 동일한 메시지를
전달할 수 있다. 첫 번째 대화의 경우 '상대방이 거짓말을 했다'라
는 것을, 두 번째 대화의 경우엔 '상대방이 부당한 대우를 했다'는
의미를 전달하고 있다. 이를 상대방을 중심으로 할 경우, 문제 중심
의 대화가 되기 쉽고 문제의 원인으로 그 대화의 방향이 흐르게 되
지만 자신을 중심으로 할 경우, 문제의 원인보다는 문제로 인해 초
래된 결과에 초점이 맞추어 지게 되고, 이로 인해 자연스럽게 문제
해결 중심의 대화로 유도할 수 있게 된다.

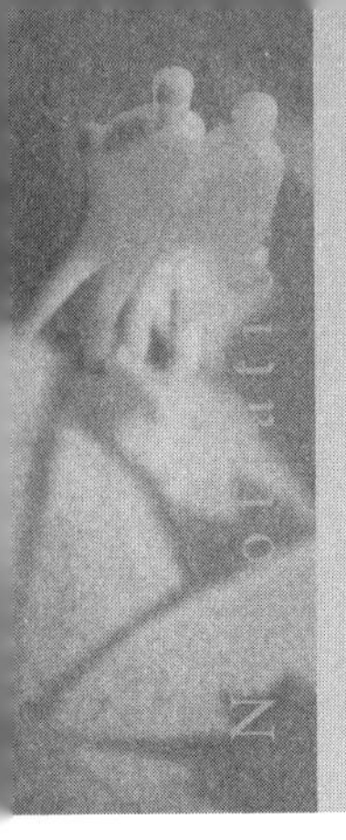

귀를 열고 입을 닫아라

　대화를 잘하기 위한, 더 나아가 말을 잘하기 위한 연습의 시작은
바로 듣는 연습에 있다. 미국의 로스쿨(Law school)에서는 훌륭한
변호사가 되기 위해서는 가장 먼저 듣는 기술을 익혀야 한다고 강
조한다. '듣는 것에 무슨 기술이 필요할까?' 라고 생각할 수도 있겠
지만, 듣는 것은 단순하게 수동적으로 들리는 것을 받아들이는 것
을 의미하는 것이 아니다. 능동적이고 적극적으로 상대방의 '말' 을
듣는 것뿐만 아니라 '말 자체와 그 이면의 의도하는 바' 를 들을 수
있는 기술을 의미한다. 위스콘신 주립대학 로스쿨의 랄프(Ralph
Cagle) 교수는 다음과 같은 효과적인 듣기 기술을 고안해 냈다. 이
는 협상뿐만 아니라 일상적인 대화에서도 효과적으로 사용될 수 있
을 것이다.

- **적극적으로 들으려 해라.**

  상대방은 '듣는 척' 하는 것을 금방 알아챈다. 왜 들어야 하는지 결정하고 그 이유가 충족될 때까지 집중해서 들어라.

- **말하지 마라.**

  말하는 동안은 들을 수 없다. 상대방으로 하여금 말하게 해라. 다른 사람의 관심을 받고 싶은 마음을 잠시 접어라.

- **상대방의 말을 끝까지 들어라.**

  다른 사람이 말하는 중에 끼어 들면, 상대방은 자신의 말을 무시한다거나 인정하지 않는다는 느낌을 갖기 쉽고 감정적인 논쟁으로 흐르기 쉽다.

- **비언어적인 요소에도 관심을 가져라.**

  언어적인 부분뿐만 아니라 비언어적 요소인 행동, 표정, 감정의 변화 등에도 관심을 가져라.

- **방해되는 요소들을 제거하라.**

  전화기, 컴퓨터 등 시선을 끌거나 집중하는데 방해가 될 만한 것들은 미리 치워둔다. 듣는 동안 다른 일을 하는 것은 금물.

- **상대방으로 하여금 더 많은 말을 하도록 자극하라.**

  '좋은 지적이네요' 등의 반응을 보여 상대방으로 하여금 더 많은 말을 하게 만든다.

- **상대방이 말하는 동안 내면적으로 스스로와 논쟁하거나 비판하지 마라.**

  말을 하는 동안 듣지 못하는 것처럼, 내면적으로 대응 방안을 계획하는 동안은 집중력이 떨어지고, 많은 정보를 놓칠 수 있다. 상대방의 말이 끝날 때까지 대응 방안이나 평가를 미뤄두어야 한다.

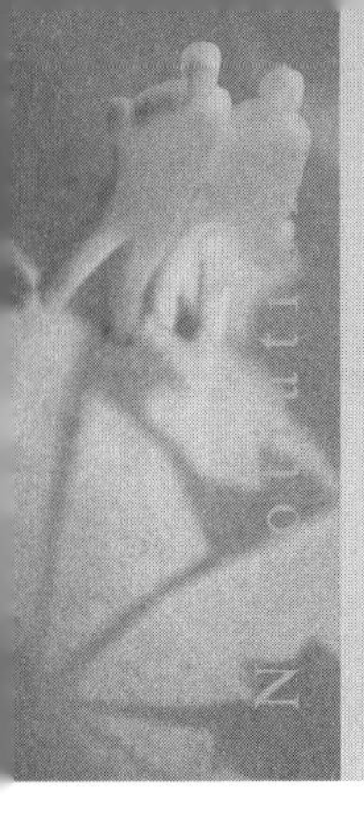

전략적 정보 공유를 위해서는
대답하는 기술을 익혀야 한다

협상에서 거짓말을 하는 것은 치명적이다. 어렵게 쌓아온 신뢰를 한 순간에 무너뜨릴 수 있는 잘못된 행동이다. 그렇다고 상대방이 물어보는 모든 질문에 솔직히 답을 해야만 할까? 앞으로 제6장에서 살펴보겠지만 상대방이 원하는 정보를 모두 주어버린다면 자신의 협상력이 현저하게 떨어질 수 있다. 거짓말을 해서도 안 되고 모든 정보를 주어서도 안 되는 딜레마(Dilemma)를 어떻게 극복할 수 있을까? 정확한 정보를 주는 것은 당연하지만 이를 전략적으로 해야 한다. 협상 전문가 마틴 라츠(Martin Latz)는 전략적 정보 공유(Strategic information sharing)를 제안하고 있는데, 이는 대답의 기술을 연습함으로써 가능하다고 설명한다.

앞에서 우리는 질문을 하는 방법에 대해서 알아보았다. 그럼 반대로 내가 그런 질문을 받는다면 어떻게 답하는 것이 좋을까? 상대방도 정보를 구하기 위해 나와 마찬가지로 많은 질문을 준비할 것이다. 정보는 공유되어야 한다. 그러나 '전략적'으로 공유되어야 한다. 자신의 입장과 협상을 통해서 추구되는 이익 등에 대한 정보들이 상대방에게 효과적으로 전달되어야만 원만하게 협상이 진행될 수 있다. 하지만 지나친 정보의 제공, 특히 내부적인 협상 시한이나 사용할 수 있는 물적, 인적 자원들, 현재의 잠정적 협상 목표 등에 대한 정보가 제공될 경우, 자신의 협상력은 심각한 위협에 빠지게 되고, 이는 상대방의 잘못된 판단을 불러 일으킬 수 있다.

  예를 들어, 구매자가 자신의 물건을 구매하기로 잠정적으로 결정을 한 것을 알게 된 판매자는 오히려 가격을 올리거나 구매자의 합리적 요구에도 응하지 않고 자신의 입장만을 고집하게 할 수 있다. 따라서 모든 정보가 제공되어서는 안되며 필요한 정보를 '전략적'으로 제공하여야 한다. 다시 한번 강조하지만 협상에서의 거짓말은 치명적이다. 거짓말을 한 것이 드러난다면, 지금까지 쌓아온 신뢰는 물론이고 문제해결의 생산적인 분위기는 한 순간에 무너져 서로 불신과 경쟁의 장으로 변질되어 버릴 것이다. 이런 분위기에서 미래의 관계 구축은 말할 것도 없이 불가능하다. 그렇기 때문에 '전략적' 정보의 공유를 위해서는 질문과 마찬가지로 대답에도 기술이 필요하다. 원치 않는 질문이라고 해서 대답을 딱 잘라 거절한다면 상대방의 감정적 대응을 불러 일으킬 수도 있고 신뢰감을 줄 수 없을 것이다. 그러면 어떻게 해야 상대방에게 부정적인 인상을 주지 않으면서도 제공해서는 안될 정보에 대한 질문을 피해갈 수 있을까? 다음의 상황을 고려해 보자.

판매자는 구매자가 자신의 물건과 경쟁사들의 물건을 사전에 비교조사 해왔고 적극적으로 구매의사가 있다는 것을 알고 있다. 자신들이 판매할 수 있는 가격을 제시한 후, 직접적으로 가격에 대한 의견을 다음과 같이 물었다. '저희가 제시한 가격이 성능을 비교해 볼 때 가장 좋은 가격이 아닌가요?' 만약 구매자가 이 질문에 긍정적으로 대답할 경우 판매자는 현재 가격 협상의 여지를 없애거나, 구매자의 추가적인 요구 사항을 전적으로 거부하게 만들 수도 있다는 점이 우려되었다. 이런 질문에 다음과 같은 방법으로 질문에 대한 답을 피해갈 수 있다.

• 주제를 바꾼다.

'말씀하신 의도는 알겠지만, 그것보다는 먼저 우리가 필요로 하는 성능들이 다른 제품들도 충족시키고 있는지를 먼저 살펴보아야 할 것 같습니다' 라고 대답하여, 대화의 방향을 구체적인 요구사항과 성능의 만족 여부로 바꾼다.

• 대답을 늦춘다.

'현재로서는 어떠한 확정적인 결론을 내린 것이 없고, 여러 가능성을 검토하고 있습니다.' 라고 대답하여 구체적인 대답을 다음으로 미룬다.

- **다른 질문에 답을 한다.**

  '요즘 다른 제품들도 성능이 더 좋아지는 것 같아요.'라고 대답하면서 마치 성능의 전반적인 만족도에 대한 질문을 받은 것처럼 대답을 한다.

- **구체적인 질문은 일반적인 답으로, 일반적인 질문에는 구체적인 답을 한다.**

  '전반적으로 제품들의 가격들은 좋아지는 것 같아요.'라고 전체 제품들에 대한 가격 만족도를 표현한다. 만약 질문에 대한 구체적인 답변을 피할 수 없다고 판단되는 경우에는 아래의 질문을 되물으면서 답변의 적절한 수준을 조절해 볼 수 있다.

- **의도를 묻는다.**

  '어떤 의도를 가지고 그 질문을 하시는지 모르겠네요. 제시하신 가격에 구매할지를 묻는 것인가요?'

- **연관성이나 구체적인 부분에 대한 설명을 요구한다.**

  '구체적으로 이떤 성능을 기준으로 말씀하시는 거죠?', '어떤 측면에서 가격이 좋다고 하시는 건지 말씀해 주시겠어요?'

질문과 대답을 할 때, 항상 생각해야 할 것은 전략적 정보의 공유와 신뢰의 유지를 동시에 해내야 한다는 것이다. 만약 질문과 답변에 대한 적절한 예측과 준비가 없다면 이것은 쉽게 해낼 수 없다. 따라서 항상 협상의 시작 전에 예상되는 질문을 살펴보고 어떠한 정보를 공유하고 제공할 것인지 아닌지를 미리 검토해 보는 것이

필요하다. 동시에 이러한 노력들이 상대방으로 하여금 정보를 숨기
거나 신뢰가 가지 않는 행위로 보이지 않도록 신경 쓸 필요가 있다.

비언어적 정보를 놓치지 말자

월리엄 셰익스피어(William Shakespeare)는 사람들이 말할 때는 두 가지 의미를 동시에 전달한다고 한다. 하나는 들리는 말을 통한 언어적 의미이고, 또 하나는 비언어적 의미의 전달이다. 비언어적 메시지에는 말을 할 때의 몸의 자세, 거리, 시선, 얼굴 표정, 제스처, 목소리, 득정 언어를 선택하는 심리 등이 있을 수 있다.

비언어적인 요소를 통해서 주의 깊게 살펴야 할 부분은 상대방의 감정 상태이다. 만약 상대방이 의도적으로 거리를 두려고 한다던가 불편하거나 불안한 감정 상태를 표한다면 앞에서 살펴본 대로 이에 대한 적절한 대응이 필요할 것이다. 거리감을 느끼고 있다고 판단이 되면 가능한 한 상대방으로 하여금 소속감이 들게 할 수 있는 적절한 조치를 해야 하며, 만약 상대방이 불안한 상태라고 판단이 되면 그 원인을 질문이나 대화를 통해서 파악하여 편안함을 줄 수 있는 방법을 찾아가야 한다. 비언어적인 요소들은 몸짓이나 눈짓, 목소리의 톤에서부터 말하는 속도에 이르기까지 메시지를 전달하지 않는 요소가 없다고 할 만큼 광범위하다. 말 자체의 의미를 보충하기도 하고 때로는 스스로의 언어적 메시지가 거짓임을 시인하기도 한다. 따라서 감정 상태뿐만 아니라 상대방의 진실성 여부도 이러한 비언어적인 요소들을 통해서 판단해 보아야 한다.

몸이 말하는 진실을 들어라

상대방의 진실성을 파악해 볼 수 있는 많은 요소들이 있는데, 예를 들어 보면 다음과 같은 것들이 있다.

●●●● 시선

대화를 할 때, 상대방의 눈을 바라본다. 보통 거짓을 말할 때, 눈길을 아래로 하거나 시선을 좌우로 움직이는 경우가 많다. 또한 대화에 관심이 없거나, 진실을 이야기 하지 않을 때는 무의식적으로 대화 상대자의 반대방향이나 문 쪽을 향해서 시선을 주는 경우가 많다.

●●●● 몸짓

손이나 팔의 동작을 유심히 살펴 본다. 보통 긴장 상태에 있거나 방어적일 때, 손을 무릎이나 주머니에 넣고 있거나 깍지를 낀다든가 팔짱을 끼고 있는 경우가 많다. 부자연스러운 손동작을 보이고 있다면 다시 한번 상대방의 감정 상태를 점검해 보자. 만약 상대방이 당신의 말을 듣는 도중 얼굴을 손으로 감싸거나 만지는 행위를 반복한다면 이는 집중력이 떨어졌거나 관심이 없음을 무의식적으로 표현하는 것일 가능성이 높다. 따라서 이런 상태에서는 한번 주의를 환기시키는 것이 좋다.

●●●● 질문에 답하는 속도

진실을 말하려 하지 않으면 않을수록 질문에 대해 답하는 속도가 떨어진다. 왜냐하면 질문을 먼저 파악하고 그에 적절한 답을 만들어 내려고 하기 때문이다. '예', '아니오'라는 답을 한 이후에 그 이유를 대는 속도에서 진실성을 추측해 볼 수 있는데, 자신이 솔직하게 말하는 경우에는 대답 이후에 바로 설명이 나올 가능성이 높다.

●●●● 말과 몸짓의 불일치

항상 말보다는 몸의 반응이 우선한다. 화가 난 사람은 얼굴에 이미 화난 표정을 짓고 나서 분노에 찬 말을 내던진다. 따라서 말과 비언어적인 요소 모두를 통해서 감정 상태가 드러날 때는 말과 행동의 일치 여부를 유심히 살펴볼 필요가 있다.

하지만 주의해야 할 점은 비언어적인 요소로 파악되는 것들은 절대적인 사실이 아니라는 점이다. 인식 과정에서 자신도 모르는 오류가 발생할 수 있다. 어떤 판단이 내려지더라도 이를 잠정적인 결론으로 유보한 채 좀 더 확실한 정보들을 질문이나 대화를 통해서 찾아가는 노력이 필요하다. 당장 진실되어 보이지 않는다고 해서 이를 들추어내어 문제시 하는 것은 바람직하지 않다. 왜 그런 거짓말을 하고 있는지, 혹시나 상대방이 불안함으로 인해 그런 행동을 취하고 있는 것은 아닌지 판단해 보아야 한다. 부정적 감정 상태로 인한 일시적인 것이라고 판단되면, 그 감정 상태를 일으키는 원인에 대한 대처가 필요하다. 불신에 의한 것이라면 그 불신의 원인을 찾아 보고 이의 해결을 통한 신뢰의 회복이 중요하다. '거짓말을 한다' 라는 식의 직접적인 비난은 결국 더 나쁜 감정만을 더 악화시키고 협상을 더욱 어렵게 만들 수 있음을 기억해야 한다.

사용하는 단어를 통해 상대방의 마음을 읽는다

'생각난 김에', '말이 나온 김에', '잃어버리기 전에'
'잘 아시다시피'

'말할 필요도 없이', '당연하죠'
'솔직하게 말씀 드려서'
'전 상관없어요.'

최근에 메타 커뮤니케이션(Meta communication)이라는 말을 자주 쓰는데, 이는 대화를 할 때 상대방이 말하는 메시지의 사전적 의미뿐만 아니라 상황 속에서의 또 다른 의미를 찾는 것을 말한다. 우리가 대화를 통해서 주고 받는 메시지 속에 숨어 있는 또 다른 의미에 관한 것이다. 협상에서 실제로 중요한 것은 대화자가 전달하는 표면적인 메시지가 아니라, 무엇을 의도하고 있는지를 파악하는 것이다.

예를 들어, 상대방이 사용하는 인칭 대명사를 통해서 대화의 주제에 대한 대화자의 입장을 읽을 수 있다. 만약 '우리' 라는 말보다 '그들' 이라는 말이 많이 사용되는 경우, 내화의 주세에 내해 보다 중립적인 입장을 취하고 있고 그 입장에 대한 구속력도 약히디는 것을 알 수 있다.

관용적으로 사용하는 말 속에도 사전적 의미와는 다른 숨겨진 메시지를 가지고 있는 경우가 많다고 심리학 박사인 샌도브 펠트만(Sandov Feldman)은 이야기하고 있다.

상대방이 '생각난 김에' 라는 말을 하였다고 치자. 보통 '생각난 김에' 라는 말은 정말로 생각지도 못하고 있다가 문득 어떤 생각이

난 경우에 사용한다. 하지만 실제 대화에서는 사전적 의미와는 반대로 이전부터 이 문제에 대해 생각해 오고 있었거나 이 문제를 이야기할 기회를 기다리고 있었음을 말한다. 또한 우연성을 가장하여 자신에게 중요하지 않은 것처럼 말하지만 전체 대화에서 매우 중요한 부분임을 말하는 것이다.

'잘 아시다시피' 라는 말을 사용하는 때도 생각해 보자. 우리는 습관적으로 '잘 아시다시피' 라는 말을 대화 중에 자주 사용한다. 사전적인 의미로는 상대방이 대화의 주제에 대해 인식하고 있음을 전제로 하는데, 대화에서는 상대방이 실제로 알고 있는지의 여부를 확인하지 않고 사용한다. 보통 상대방에게 어떤 주장을 할 때 상대방이 알 수도 있는 사실을 혼자 아는 것처럼 말하여 자칫 창피한 상황이 발생할지도 모른다는 생각과 괜히 혼자 아는 것처럼 우쭐해서 상대방의 감정을 해칠 수 있다는 것을 우려하고 있거나, 상대방으로 하여금 자신의 입장이나 주장에 대한 동조를 원할 때 사용하는 경우가 많다. '알고 있죠?' 라는 확인의 의미나 '알아주세요', '알아야 해요' 하는 요구의 의미가 추가적으로 담겨 있는 것이다.

또한, '말할 필요도 없죠', '당연하죠' 라고 이야기 할 때도 그 사전적 의미와는 반대되는 의미를 담고 있는 경우가 많다. 부정적인 상태를 긍정적인 상태로 보이고자 할 때 많이 사용한다. 예를 들어, 상대방이 매운 기쁜 상태에서 상대방에게 '당신도 기쁘죠?' 라고 물었을 때, '말할 필요도 없이, 기쁘지' 라고 대답했다고 가정할 때, 사전적 의미로는 당연히 기쁘다는 것을 말한다. 하지만 많은 경우 부러움이나 질투 등의 부정적인 감정을 가진 상태에서 '기쁘다' 라고 하는 긍정적인 상태의 동의를 요구 받으면 순간적으로 부정적인 감정 상태가 드러나는 것을 피하기 위해 '말할 필요도 없다' 라고 덧붙이는 경우가 생길 수도 있다.

'솔직하게 말씀 드려서' 라는 말을 할 때의 또 다른 의미는 무엇일까? '솔직히', '정말로' 라는 말로 대화를 시작하는 경우, 적어도 이전까지의 말들이 진실이 아닐 수도 있다는 것을 이해해야 한다. 스스로 '이전까지 한 말들은 거짓말이에요' 라고 고백을 하는 것은 아니지만, '솔직히' 라는 말을 강조하는 것은 결국 진실을 이야기 하지 않고 있었음을 자신도 모르게 인정하는 것일 수도 있다. 혹은 지금 하는 말도 거짓말이라는 것을 의미하기도 한다. 스스로 거짓말이라는 것을 알기 때문에 이를 숨기기 위해서 '솔직히' 라는 말로 은폐하려고 하는 것이다. 만약 항상 솔직한 대화를 해왔다면 '솔직히' 라는 말을 굳이 사용할 필요는 없을 것이다.

'저는 괜찮아요', '저는 상관 없어요' 라는 말을 사용할 때도 숨겨진 의미가 있다. 이 말이 실제로 상관없다는 의미로 사용되는 경우는 많지 않다. 반대로 자신이 필요 이상으로 민감한 부분이 있어서 이를 숨기고 싶을 때 많이 사용된다. 자아가 강한 사람들에게서 많이 발견되는데, 이유는 무언가로부터 영향을 받고 있다는 것을 인정하고 싶지 않기 때문에 이를 부정하기 위해서 항상 괜찮다고 이야기하는 경우가 많다. 실제로 괜찮은 것이 아니고 필요 이상으로 그 부분에 민감하다는 것을 역설적으로 말하고 있는 것이다. '괜찮아', '괜찮아'를 반복하다가 감정이 폭발해 버리는 사람을 우리는 주변에서 종종 보게 된다. 어떤 문제가 자신에게 상처가 될 수 있는 것이 있다면 이를 인정하고 이것을 스스로 극복하거나 아니면 당당하게 문제해결을 요구하는 자세가 필요하다.

이외에도 언어적인 메시지와는 다른 의미를 담고 있는 수많은 말들이 존재한다. 이를 여기에서 일일이 열거하거나 모두를 검토해 볼 수는 없을 것이다. 하지만 앞의 제3장에서 설명한 감성능력을 이용하여 대화나 협상을 할 때, 상대방의 감정 상태에 관심을 갖고 상대방의 말속에서 단순하게 언어적인 의미만을 이해하는 것이 아니라 비언어적인 요소들, 특히 언어적인 메시지 속에 숨겨진 또 다른 의미에 주의를 기울인다면 상대방을 잘못 이해하는 것으로부터 발생할 수 있는 많은 오해나 감정들을 현저하게 줄여 갈 수 있을 것이다.

상대방이 사용하는 어휘를 주의 깊게 보는 것도 중요하지만 자신이 사용하는 말에도 주의를 기울이는 것이 좋다. 불필요한 단어 하나가 협상에서의 큰 오해를 불러 일으키기도 한다. 만약 혼동될 수 있는 단어를 사용해야 하는 경우엔 반드시 그 의미를 명확히 하고, 이에 대한 이해를 확인하고 진행하는 것이 좋다. 한번 오해가 발생하면 감정적인 요소들이 발생하면서 결국엔 쉽게 해결할 수 없는 상황으로 전개되기도 한다. 따라서 감정적인 부분에 있어서는 무엇보다도 발생하기 전에 미리 대처하는 것이 바람직하다.

마지막으로 대화가 잘 안 된다고 생각할 때, 다음의 사항들을 점검해 보자.

첫째, 어떤 단어를 동일한 의미로 사용하고 있는지 확인해 보자. 사람에 따라서는 '착하다' 라는 말을 부정적으로 사용하기도 하고 긍정적으로 사용한다.

둘째, 상대방의 말을 그 사람의 입장과 상태에서 받아 들이고 있는지 생각해 보자. 자신의 기준으로 상대방의 주장을 논리적이거나 합리적이지 않다고 판단하여 무시하고 있는 것은 아닌지 생각해 보아야 한다. 상대방이 '두렵다' 라고 할 때, 설령 그것이 객관적으로는 아무런 근거가 없다 하더라도 상대방은 실제로 두려움을 느낄 수 있기 때문이다.

셋째, 문제를 동일한 시점에서 바라보고 있는지 생각해 보자. 상대방이 과거의 잘못을 언급하고 있을 때, 미래지향적 문제해결 방식만을 주장하는 것은 아무런 의미가 없을 것이다.

○ 협상은 대화를 통해서 이루어진다. 따라서 대화의 기술은 성공적인 협상의 중요한 기반이 된다.

○ 협상에서의 대화는 표현된 것을 바탕으로 진행된다. 정확하게 표현되지 못한다면 의도만으로는 상대방에게 전달되지 못한다. 하지만 표현 기술은 자연적으로 습득되지 않는다. 학습이 필요하다.

○ 협상에서의 많은 정보는 질문을 통해서 얻을 수 있다. 효과적인 질문을 위해서는 기술이 필요하다.

○ 다양한 정보를 얻어 내기 위해서는 개방형의 질문이 바람직하다. 또한 개인적인 질문이나 민감한 문제에 대해서는 간접적 질문을 사용하는 것이 좋다.

○ 유도 질문은 상대방에게 특정한 생각을 강요하는 것이므로 피해야 한다.

○ 협상에서는 문제 중심이 아닌, 해결 중심으로 대화를 풀어나가야 한다.

○ 문장을 '나'를 중심으로 구성하라.

○ 효과적인 대화를 위해서는 듣는 기술이 중요하다.

○ 정보의 전략적 공유를 위해서는 대답하는 기술도 필요하다.

○ 다양한 형태의 비언어적 메시지를 이해해야 한다.

창의적으로 협상하라
협상은 배려의 기술이다

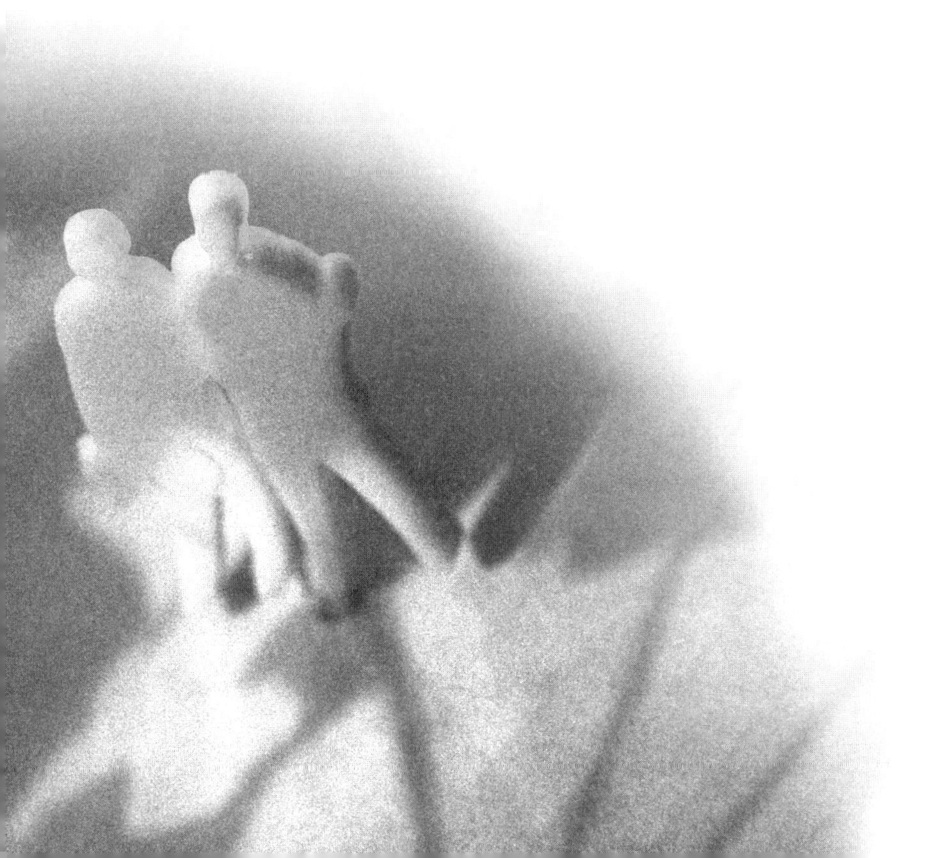

협상의 진정한 가치는 분배가 아닌 창조에 있다.

창조적 사고를 하라

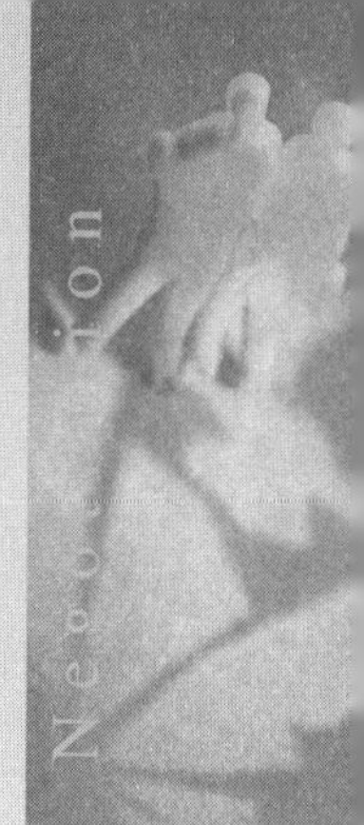

협상의 가치는 분배에 있는 것이 아니라 창조에 있다. 두 개의 오렌지를 어떻게 나눌까를 고민하지 않는다. 오렌지 두 개의 가치를 극대화할 방법을 모색하는 창의적인 문제해결을 목적으로 한다. 분배를 목적으로 할 때 협상은 대결과 갈등이 된다. 서로가 적이 된다. 하지만 창조를 목적으로 할 때 협상은 협력과 화합이 된다. 모두가 성공 파트너가 되는 것이다

협상의 성공은 새로운 가치의 창조에 있다

협상은 옳고 그른 것을 판단하는 것이 아니다. 몇몇 경우를 제외하면 대부분의 협상에서 진실은 또 하나의 요소일 뿐, 진실의 여부

를 가리는 것이 협상의 목적이 아니다. 상대방의 주장을 받아 들이지 않더라도, 상대방의 입장을 인정할 수 있다. 상대방의 입장을 인정하더라도 자신의 이익을, 서로의 이익을 충족시킬 수 있다. 협상의 많은 어려움은 서로의 입장과 이익을 동일한 것으로 생각하는 것에서 발생하는 경우가 많다. 하지만 협상에서 서로가 어떤 입장을 취하든, 서로가 만족할 수 있는 방법은 얼마든지 창조될 수 있다. 협상에도 블루 오션은 존재한다.

논리적, 분석적 사고와 창조적 사고의 차이

문제를 발견하여 이를 분석하는 과정에는 논리적 사고 과정이 중요하다. 인식과정의 오류를 발견해 내고, 어떠한 판단에 대해 타당성을 논할 때 논리적이고 합리적인 기준이 필요하다. 하지만 어떤 기준으로 옳고 그름을 판단하는 것이 아니라, 새로운 것을 만들어 내고 이전까지 생각하지 못했던 것을 떠올리기 위해서는 논리적 사고와는 다른 형태의 사고 방식이 필요하다. 창조성 연구 권위자인 드 노보(De Novo) 박사는 '수평적 사고'라는 개념을 창안해 냈는데, 이는 기존의 지식과 경험에 비추어 논리적으로 옳고 그름을 판단하는 '수직적 사고'에 반대되는 개념으로 이미 형성된 인식 패턴에서 벗어나 새로운 인식과 개념을 찾아내는 변화를 찾는 사고를 의미한다.

창조성이 필요한 이유는 무엇일까? 우리는 협상에서, 자신이 무엇이 원하는 것인지, 상대방이 원하는 것은 무엇인지 파악하기 위하여 이와 관련된 정보를 찾으며 이를 충족시키는 것을 최상의 목표로 삼는다. 하지만 우리에게는 우리가 인식하지 못한, 때로는 잠재의식 속의 많은 욕구들이 존재하고 표면적인 입장이 아닌 내재된 수많은 이익들이 존재하며, 이를 해결 하는 방법 또한 다양하게 존재할 수 있다는 것을 알아야 한다. 협상에서의 실제적인 문제의 해결은 억지 양보를 통한 타협이나 힘센 쪽의 일방적 승리와 승자의 처분에 따르는 패자들의 결과물이 아니다. 양 당사자의 처음의 입장이나 주장과는 다를 수 있지만 모두가 만족할 수 있는 그런 제3의 해결 방법을 창조적으로 찾아내는 것이다. 단순한 타협이나 양보가 아닌 스스로 인식하지 못했던 다양한 가치와 이익을 찾아내고 이를 충족시킬 최선의 방법은 바로 창조적인 사고를 통해서만 만들이 질 수 있다. 여기에 바로 협상에서의 블루 오션이 존재하는 것이다.

우리의 두뇌는 기존에 가지고 있던 인식 방법에 의해서 시간에 따라 입력되는 정보를 받아 판단을 한다. 하지만 사고의 진전이 더 이상 이루어지지 않을 때는 그 지점에서 판단을 내리고 만족해버리는 경향이 있다고 한다. 이는 목적지에 다다르지 못했음에도 불구하고 어느 지점에서 정지되면 그곳을 목적지로 판단해 버리는 것과 같다. 기존의 인식의 틀로는 더 이상의 정보가 주어지지 않는 시점에 주어진 정보에 대한 판단을 하고 그것을 진실로 믿어버리는 경향을 갖는 것이다. 갈릴레오가 지구가 태양을 돈다고 했을 때 대부분의 사람들이 그것을 받아 들이지 못했다. 당시의 사람들이 논리적이지 않아서가 아니다. 당시의 사람들이 생각이 부족해서가 아니다. '혹시나', '만약' 이라고 하는 또 다른 가설들을 받아들일 수 있는 열린 마음과 창조적인 사고의 훈련이 부족했기 때문이다. 우리의 사회는 이런 기존의 인식과 사고를 넘어서는 창조적인 사람들에 의해 발전해 왔다. 훌륭한 화가는 동일한 사물을 보고도 다른 화가들은 찾아내지 못한 관점을 발견해 낸다. 피카소가 그랬다. 세계 최초의 금속 활자는 포도즙을 짜는 압축기에서 아이디어를 얻었으며, 우리의 한글은 하늘, 땅, 인간의 모습을 통해서 만들어진 것이다. 훌륭한 협상가는 문제를 새로운 각도에서 바라보고, 이를 해결할 수 있는 창조적인 시각과 능력을 가져야 한다. 모든 사람이 이해관계가 상반되어 있다고 생각할 때, 서로 통하는 공동의 이익을 찾을 수 있어야 하며 이를 통해 문제의 해결 방안을 창의적으로 찾아갈 수 있어야 한다.

일본의 창조성 학자 다카하시 마코토는 동물원의 사례를 통해 '무제한적 아이디어 발산'의 중요성을 강조한다. 일본의 한 동물원이 관객이 줄어드는 것의 해결책을 창조적으로 찾아 보기로 하고 사육사들로 하여금 어떻게 관람객들이 동물들을 가까이서 볼 수 있을지를 생각해 보라고 지시했다. 많은 사육사들이 기발한 아이디어들을 도화지에 그려왔는데, 그 중 일부가 실제로 만들어졌다. 동물의 우리 가운데로 투명한 유리 통로를 만들어 관람객이 그 길을 지나면서 북극곰을 바로 앞에서 관람한다던가, 수족관 한 가운데 유리 기둥을 설치하여 물고기들을 가깝게 바라볼 수 있게 하는 아이디어들이었다. 물론 이 동물원은 이러한 방법으로 예전보다 많은 관람객을 이끄는데 성공할 수 있었다. 만약 이 동물원이 기존의 방법으로 단순하게 비용을 줄이거나 동물의 수나 늘리려 했다면 이러한 성공은 불가능했을지도 모른다. 기존의 사고의 틀에서 뛰쳐나와 새로운 각도, 새로운 방식으로 문제를 바라보고 문제를 해결해 나가려고 하는 창조적 사고에 문제의 성공적 해결이 있는 것이다.

우리는 문제를 분석, 이해하고 논리적인 주장을 전개하는 분석적 · 논리적 사고에는 익숙하다. 하지만 새로운 아이디어의 가능성을 만들어 내고, 하나의 정답이 아닌 다수의 타당한 답을 찾아가는 창조적 · 수평적 사고는 다소 생소한 것 같다. 보통 문제해결을 위해서는 아래의 순서를 거치게 된다.

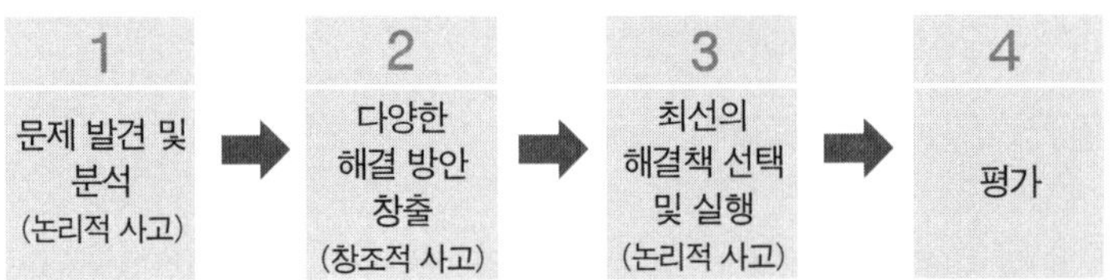

문제 해결 과정

　일반적으로 초기의 문제의 발견 및 분석 단계나 최종적인 최선의 해결 방안의 선택 및 평가의 단계에서는 논리적이고 분석적인 사고가 필요하다. 하지만 다음 단계인 다양한 해결책을 찾아내는 과정에서는 창조적이고 수평적인 사고가 필요하다. 그럼 논리적인 사고와 창조적인 사고는 어떤 특징을 가지고 있을까? 그 차이는 아래와 같이 정리될 수 있다.

논리적(수직적) 사고	창조적(수평적) 사고
분석적이고 집중적	생산적이고 확장적
문제의 분석	문제의 해결
높은 개연성	가능성
즉각적 판단	판단의 유보
합리성	풍부함과 독창성
하나의 정답	다양한 해답
객관적	주관적
합리적 단계와 순차적	연합적이고 연상적
맞아요. 하지만 (Yes but)	맞아요. 그리고 (Yes and)

논리적인 사고에서는 분석과 판단 능력이 중요하며 이를 위해 객관적 기준이 사용된다. 또한 가능성이 높아야지만 고려되며 궁극적으로는 하나의 정답을 찾는 것을 그 목적으로 한다. 이와는 반대로 창조적인 사고에서는 판단은 일단 유보한 채, 다양한 가능성을 추구한다. 관련성이나 유사성이 있으면 일단 고려되며 객관적인 기준보다는 주관적인 관점에서 다양한 방법의 해결 방안을 모색해 가는 것이다. 협상에서 창조적인 문제해결을 위해서는 창조적 사고를 위한 준비, 창조적 사고의 프로세스를 만들어가는 것이 필요하다.

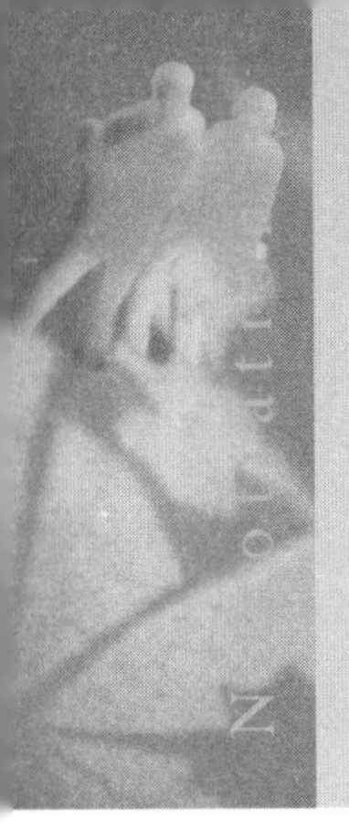

창조적 사고는 타고난 것이 아니라 길러지는 것이다

인간은 풍부한 창조성을 가지고 있다

우리는 본래 풍부한 창조성을 가지고 태어났다. 우리는 쉽게 어린 아이들의 창조성과 독창성에 놀라곤 한다. 하지만 우리의 교육 과정은 주로 논리적 사고에 중심을 두고 있다. 하나의 진리를 익혀 그것을 기준으로 받아들이고 이에 따라 판단하는 사고의 과정에 점점 익숙해지면서 다양한 가능성보다는 하나의 정답을 찾고자 하며, 여러 상황들을 동시에 고려하기 보다는 하나를 집중적으로 분석하고 옳고 그름을 따지기를 원한다. 이러한 과정을 통해 우리의 창조적 능력은 억제되고 있는 것이다.

심리적인 측면에서 고려해 볼 사실은 대부분의 창조적인 사람들은 스스로가 창조적이라고 생각한다는 점이다. 창조성의 개발은 지능보다는 스스로의 마음가짐이 중요하다. 문제를 발견하고 이를 창조적으로 해결해 낼 수 있다는 스스로의 창조성에 대한 확신이 필요하다. 기업의 창조성을 조사한 심리학자에 의하면 절반 정도의 창조적인 직원과 그렇지 않은 직원이 있었는데, 그 차이는 지능이나 두뇌의 능력에 있는 것이 아니라, 스스로를 창조적으로 보느냐 보지 않느냐에 의해서 결정된다고 결론을 내렸다. 즉, 스스로의 마음가짐이 자신의 창조성 발현의 가장 큰 조건이라는 것이다. 따라서 창조적인 사고를 위해서는 먼저 스스로에 대한 창조성에 대한 자신감이 필요하다.

창조적 사고에 대한 오해

우리에게는 창조적인 사고를 가로 막는 편견과 부정적인 심리적 장애물들이 있다.

흔히 발견되는 편견에는 다음과 같은 것들이 있다.

• 모든 문제는 오직 하나의 해결책만을 가지고 있다.

어떤 사람이 물을 마시고 싶다고 할 때, 그 사람은 '갈증' 이라는 문제를 가지고 있다. 그 사람은 물을 마심으로써 그 문제를 해결할 수 있다고 생각하기 쉽다. 하지만 정말 물이 있어야지만 '갈증'을 해결할 수 있는 것일까? 물의 대체물은 없을까?

• 최선의 해결 방안은 이미 존재한다.

운송 수단의 역사를 돌이켜 보자. 말, 마차, 배, 자동차, 비행기로 발전해 왔다. 아직 가능성은 무궁무진하다.

• 창조하는 것은 어렵다.

'핫도그'는 뜨거운 소시지를 장갑을 쓰지 않으면서도 손으로 잡지 않고 먹기 위해서 만들어진 것이다. 즉, 관점의 전환, 바라보는 시각을 약간 변화시키는 것만으로 얼마든지 새로운 것은 창조될 수 있는 것이다.

• 창조적 능력은 타고 나는 것이다.

창조적 능력은 얼마든지 창조성을 가로 막고 있는 장애물을 극복하고 창조적 문제해결의 방법 등을 익힘으로써 얼마든지 확대해 나갈 수 있다. 발명왕 토마스 에디슨(Thomas Edison)은 전구의 필라멘트를 찾아 내기 위해서 친구의 수염을 포함하여 생각해 낼 수 있는 모든 것을 이용하여 무려 1,800여 개의 물건을 실험했다고 한다. 1,000여 회의 실험이 실패로 돌아갔을 때, 친구가 수많은 실패에 좌절하지 않느냐고 물었을 때, '지금까지 실험한 1,000개의 물건으로는 성공할 수 없다는 것을 알았으니 많은 것을 안 것 아니냐고?'고 반문했다고 한다. 이렇게 노력과 실패, 교육을 통해서 창조성은 얼마든지 확대되고 발휘될 수 있는 것이다. 드 노보(De Novo) 박사는 창조적인 사고 또한 다른 운동 기술들처럼 훈련을 통해서 기를 수 있다고 주장한다.

창조적인 사고를 하기 위해서는 위의 편견들을 버려야 한다. 그리

고 창조적으로 사고하는 방식을 통해 다양한 해결책을 찾아 가야
한다.

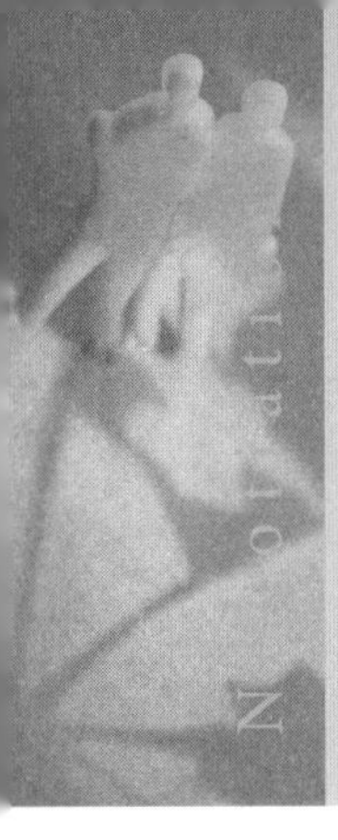

입장과 이익을 분리하라

우리가 하는 일상적인 협상이나 흥정의 과정을 살펴보자. 먼저 우리는 상대방의 '입장'을 묻는다. 그리고 그 입장을 중심으로 흥정이나 협상을 진행해 간다. 물론 이 자체는 합리적인 과정일 수 있다. 하지만, 문제는 지나치게 '입장'만을 생각하고 그 '입장'의 이면에 존재하는 '이익'에 대해 주의를 기울이지 않는다는 것이다. 미국 하버드대학의 협상 프로젝트를 이끌고 있는 로저 피셔(Roger Fisher) 교수는 성공적인 협상을 위해서는 입장과 이익의 구별이 중요하며 협상의 초점을 이익에 두어야 한다고 강조한다. 창조적인 사고 방법을 통해 확장해 나가야 할 것은 '이익'이며, 서로를 만족시킬 수 있는 서로의 이익을 충족시킬 수 있는 다양한 대안들을 창의적 사고를 통해서 찾아가야 한다. 이를 위해서는 먼저 '입장'과 '이익'의 개념적 차이를 구별해 볼 필요가 있다.

판매자와 구매자의 협상

판매자와 구매자의 경우를 들어보자. 판매자는 생산시설에 꼭 필요한 장비를 팔고 있고, 이것을 일억 원 정도에 팔고 있다. 하지만 최근의 현금흐름의 악화로 매출의 신장이 필요한 상황이다. 구매자는 새롭게 생산설비를 구매하려고 한다. 물론 판매자의 장비가 보통 일억 원 정도에 팔리고 있다는 것은 알고 있고, 이를 조금 더 싼 가격에 사고자 한다. 계절적 특수를 고려하여 가능한 한 빨리 생산설비를 갖추고자 한다. 이러한 상황에서 구매자가 판매자에게 팔천만 원의 가격에 구매하고 싶다는 의향을 보였다고 하자. 이 상황은 아래와 같이 정리될 수 있다. 통상적으로 구매자는 가능한 한 싼 가격에 물건을 사기 위해 여러 가지 제품 및 판매자에 대한 여러 정보를 수집한다. 아래와 같이 입장과 이익을 정리할 수 있다.

입장	구매자	가능한한 싼 가격(팔천만원)에 장비를 구매한다.
	판매자	가능한한 비싼 가격(일억원)에 장비를 판매한다.
이익	구매자	가능한 적절한 수익을 유지하면서 매출을 신장한다. 현금흐름의 개선을 위해 가능한 빨리 현금의 입금이 필요하다.
	판매자	성능이 우수하고 안정적인 서비스를 보장받을 수 있는 장비를 저렴한 가격에 구매한다.신규투자를 가능한 한 빨리 마쳐서, 계절 특수에 대비하고자 한다.

위에서 볼 수 있듯이 판매자가 구매자로부터 들은 입장은 단순하다. 팔천만 원에 장비를 산다는 것이다. 하지만, 판매자는 일반적으로 일억 원에 장비를 판매해 왔으므로, 이 가격은 자신의 기대 수준이 미치지 못한다고 생각한다. 따라서 판매자와 구매자는 다음과 같이 서로 대응하게 된다.

판매자 ▶▶ "한번도 팔천만 원에 판매한 적이 없어요. 일억 원이 저희가 판매하는 가격입니다."

구매자 ▶▶ "저희도 일억 원에 장비가 판매된 적이 있다는 것은 알지만, 제품의 성능에 좀 문제가 있다고 들었습니다. 따라서 어느 정도 그것이 고려되어야 한다고 생각합니다."

판매자 ▶▶ "일부 미세한 문제가 있었지만, 이미 해결 되었어요. 설령 그런 점들을 고려한다 해도 전반적인 성능에 비해서 일억 원의 가격도 싼 편입니다."

위와 같은 부정적이고 자신의 입장만을 고수하려는 대화가 구매자와 판매자 사이에서는 흔히 발생한다. 부정적인 정보를 이용하여, 상대방의 제품에 대해 공격적인 의견을 제시하는 것은 그다지 좋은 결과를 가져오는 것을 본 적이 없다. 가격에 대한 자신들의 입장에서 자신들의 전반적인 이익을 고려하는 방식으로의 접근 방식의 전환이 필요하다. 단순히 가격을 비싸게 혹은 싸게 팔고 사려는 입장에서 벗어나, 그 외의 이익들, 즉 판매자의 입장에서는 현금흐름의 개선을 위해 가능한 한 적절한 수익을 담보하면서 빠른 시일 내에 판매를 하고, 대신에 판매 즉시 현금으로 대금을 지급받을 수 있도록 하는 것이 중요할 것이다. 구매자의 입장에서는 적절한 성능을 담보하기 위해 기존의 문제가 발생되었던 부분들에 대한 교정의 확인 및 유사한 상황의 발생시 서비스의 담보, 가능한 한 빠른 설치를 요청하여 계절 특수에 대해 대비를 하는 것이 그 포괄적인 이익이라 할 수 있을 것이다.

따라서 단순히 싼 가격 · 비싼 가격이라는 입장만을 고수하며, 상대방의 제품을 비하하거나 다른 경쟁사와 비교하는 식의 경쟁적인 전략들은 상대방으로 하여금 감정적인 대응을 불러 일으키게 된다. 이것은 서로의 이익보다는 상대방에게 지지 않기 위한 자존심 싸움이 되고, 결국 거래가 성사되는데 가장 큰 장애물이 된다. 설령 서로에게 다른 대안이 없어서 거래 자체는 성사되었다고 할 지라도 불안한 긴장 관계가 지속되며, 향후의 대금 지급 혹은 서비스 등의 부분들이 원만하게 진행되지 않을 수 있는 분쟁의 불씨를 안고 가게 되는 것이다.

맞벌이 부부의 이야기

가정에서 일어날 수 있는 예를 생각해 보자. 맞벌이를 하는 부부가 있었다. 남편이 퇴근을 하자마자 하루의 힘든 회사의 일들을 털어 놓으며 '빨리 저녁을 먹자' 라고 말한다. 아내도 오늘은 유난히 피곤하다고 생각하며 잠시 쉬었다 저녁을 준비하겠노라고 대답한다. 남편은 오늘따라 유난히 시장기를 느낀다. 어쩐지 점심이 평소보다 부실했다고 생각한다. 만약 이런 상황에서 '빨리 저녁을 먹자니까!' 라고 윽박을 지르면 아내는 자신의 힘든 것은 생각조차 않는 남편에 대해 섭섭하게 느끼게 되고, 이런 섭섭함은 더욱 자신의 입장을 고집하게 만든다. '나도 힘드니까, 좀 쉬었다가 준비할게요' 자신의 주장에도 요지부동하는 아내를 보니 남편은 더욱 화가 난다. 여기에서 남편의 입장은 바로 '저녁을 빨리 먹자' 라는 것이다. 하지만 그 입장의 이면에 깔린 이익들로 '배고픔을 채우는 것' 이라는 기본적인 생리적인 욕구와 '남편으로서의 지위의 인정' 이라는 심리적 욕구를 생각해 볼 수 있다. 그러나 아내는 '저녁' 이라는 남편의 입장만을 생각하고 좀 더 쉬고 싶다는 자신의 입장과 대립되는 것으로 생각하여 남편에게 입장을 바꿀 것을 요청하는 것이다. '빨리 저녁을 먹자' 라는 입장을 '천천히 저녁을 먹자' 라는 입장으로 바꾸어 줄 것을 요청한 것이다. 입장의 측면에서만 보면, '빨리' 와 '천천히' 라는 입장은 충돌이 불가피하다. 하지만 여기서 관점을 입장에서 이익으로 바꾸어 보자. 기본적인 욕구인 '배고픔'은 아내가 생각하는 저녁 준비가 없더라도 얼마든지 충족이 가능하다. 냉장고 안에 있는 과일이나 간단한 음식들로 급한 허기를 달랠 수가 있다. 또한 '자신의 입장이 받아들여져야 한다는 남편의 지위에 대한 인정의 욕구'는 단순하게 남편의 입장을 무시하지 않고, 남편의 '빨리 저녁을 먹고 싶은' 입장에 대해 인정하고 남편의 힘든 하루에 대한 이해를 보임으로써, 설령 그 입장이 당장 수용되지 못하더라도 그 '인정'에 대한 욕구를 충족시켜 줄 수 있는 것이다. 즉, 단일한 입장에서부터 다양한 대안의 창조가 가능한 이해관계로 전환이 가능하다. 기본적인 욕구들로 그 초점을 바꿈으로써 서로가 만족할 수 있는 창의적인 문제해결이 가능해지는 것이다.

창의적 협상을 위해서는 먼저 상대방의 입장과 이익을 분리해야 한다. 그리고 그 이익이 궁극적으로 전달하는 가치가 무엇인지 이

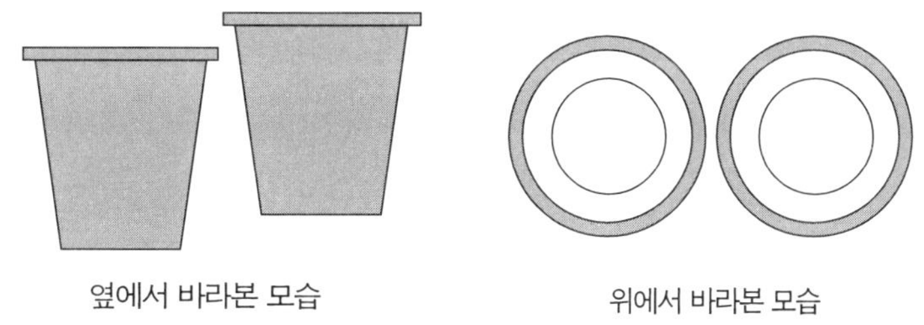

관점을 달리하면 서로 일치되는 부분을 찾아볼 수 있다

해되고 그 가치에 초점을 맞추어야 한다.

대부분의 직장인들은 해마다 연봉협상을 한다. 직원은 최대한의 연봉 인상을 원하고, 회사의 목적은 기본적으로 임금의 인상으로 인한 비용이 커지는 것을 원하지 않는다. 기본적으로는 상반된 입장을 취하고 있는 것이다. 하지만 그 연봉 인상과 동결이라는 입장의 이면에는 다양한 이익과 가치들이 존재하는데, 연봉의 상승은 크게 두 가지의 가치를 향상시킨다. 첫째는 좀 더 많은 돈을 벌어서 경제적 자산을 늘리는 실질적 가치이고, 둘째는 연봉의 상승이 가져오는 심리적인 성취감과 만족감, 자신의 능력이 적절하게 인정되고 있다는 심리적인 가치를 줄 수 있다. 하지만 회사측에서도 임금의 동결이라는 입장의 이면에는 크게 두 가지, 실리적인 그리고 심리적인 우려가 존재할 수 있다.

예를 들면, 향후 일년간의 경기 하락이 예상된다던가, 다른 직원들과의 형평성, 기본급 인상에 따른 여러 부가적인 추가 비용, 퇴직금, 각종 보험금 등에 대한 부담감 등은 심리적인 측면으로 볼 수 있고, 실질적인 현금 흐름의 악화 등은 실질적인 측면에서의 우려라 할 수 있다. 먼저 심리적인 측면을 살펴보면, 성취감이나 자신이 인정 받고 있는 만족감은 굳이 연봉 협상을 통하지 않고도 충족될 수 있다. 예를 들어, 좀 더 넓은 자리로 이동시켜 준다던가 실질적인 연봉의 인상과는 별도로 직급을 올려준다던가, 회사에서 제공하는 혜택들(예를 들면 휴양지의 사용 등)을 확대해 주는 식으로 그 심리적인 가치를 제공할 수가 있다. 미국의 어떤 로펌에서는 아침마다 유명 커피전문점의 커피를 출근 시간에 맞추어 준비해 둔다는 것을 직원들에 대한 보상의 하나로 내세우기도 한다. 그만큼 회사가 세심히 직원들의 심리적인 부분의 만족까지 신경쓰고 있다는 것을 보여주려고 하는 것이다. 실질적인 측면에서도, 만약 회사의 현금흐름이 악화되는 상황이라면 기본급의 인상이 아니더라도, 스톡옵션이나 일회성의 성과급 혹은 경영 성과와 연동되는 보너스 기준을 마련함으로써 다양한 방식으로 서로의 이익과 가치를 충족시켜 나갈 수 있는 것이다. 단순히 자신의 입장만을 고집한다면 어떠한 문제해결도 가능하지 않을 것이다. 입장의 내면에 깔린 가치들을 중심으로 새로운 가능성들을 창조적인 사고를 통해 발견해 나가는 것이 바로 협상에서의 성공을 가능하게 하는 핵심인 것이다.

일방이 자신의 입장을 고수하게 되면, 결국 상대방도 자신의 입장을 고집히게 된다. 즉, 자신의 입장을 상대방에게 설득하려 하면 할수록 상대방 또한 더욱 자신의 입장에 대한 방어적인 입장을 취하게 된다. 이는 자신의 입장에서 물러서는 것을 '굴욕'이나 '패배'로 생각하게 되어 결과적으로 원만한 해결을 어렵게 하는 심리적인 장애를 낳게 된다. 따라서 이를 해결하기 위해 상대의 '체면'을 살려주기 위한 추가적인 노력이 필요하게 된다. 결국, 자신의 입장을 고수하는 것은 스스로에게 많은 시간적, 정신적인 에너지의 낭비를

입장(Position)에서 이익(Interests)으로 관점 전환

모두를 만족시키는 다양한 대안의 블루 오션

가져오게 되는 것이다.

입장을 고수하다 보면 창조적인 문제해결이 어려워진다. 왜냐하면 고정된 입장에서는 다양한 대안들이 존재하기 어렵기 때문이다.

따라서 자신의 입장을 고수하기보다는 그 입장의 이면에 깔린 이해
관계에 초점을 맞추어야 한다. 자신의 이익과 그 근본적인 욕구들
에 초점을 맞출 때 다양한 대안들의 창조가 가능해지는 것이다. 입
장에는 항상 심리적인 요소와 실질적인 요소가 있을 수 있다. 자신
의 입장, 주장이 부인되거나 공격 받게 되면 심리적인 요인은 그 입
장을 더욱 공고히 하고, 변화하기 어렵게 한다. 따라서 경쟁적인 협
상이 되거나 부정적인 감정의 악순환이 발생한다. 창의적인 협상을
위해서는 먼저 입장이 아니라 이익에 초점을 맞추는 관점의 전환이
필요하다.

창조적 사고 기법을 익혀라

브레인스토밍

가장 많이 알려진 창조적 사고 기법은 바로 브레인스토밍 (Brain-storming)이다. 미국의 한 광고회사 설립자인 알렉스 오스본 (Alex Osborn)에 의해 창안되었는데, 주요 원리는 일상적인 사고방식에서 벗어나 가능한 한 많은 아이디어를 만들어 내는 것을 목적으로 하며, 아이디어에 대한 평가는 최종적 평가 단계까지 미루어 진다. 이러한 판단의 유보를 통해서 창의적이고 생산적 분위기가 조성될 수 있기 때문이다. 대체로 '상대방이 어떻게 생각할까?' 하는 비판이나 평가에 대한 두려움은 창조적 사고를 가로막는 심리적 장애물 중의 하나이다. 따라서 이러한 평가를 지연시킴으로써 다른 사람의 견해 혹은 자기 자신이 갖고 있는 기존의 판단 기준에 방해를 받지 않고 자연스럽게 다양한 의견을 내게 되는 것이다. 여기에는 반드시 지켜야 할 규칙이 있는데, 첫째 비판은 절대 허용되지 않는다는 것이며, 둘째 자유 분방한 활동을 허용하여 즉흥적인 발상을 도우며, 셋째 '질' 보다는 '양' 에 그 목표를 두고, 마지막으로 주어진 아이디어를 조합과 개선을 통해 재구성함으로써 그 양을 극대화하는 것이다. 일반적으로 브레인스토밍은 그룹으로 진행된다. 하지만 시간이 없거나 그룹을 구성할 사람이 부족한 경우엔 혼자 자유롭게 떠오르는 생각들을 그 타당성을 따지지 않고 메모지에 받아 적어가면서 혼자 브레인스토밍을 실행해 볼 수도 있을 것이다.

역발상의 기법

또 한가지 흔히 사용되는 기법이 역발상(Reversal)의 기법이다. 기존에 존재하는 생각이나 관념을 반대로 거슬러서 생각하여 새로운 아이디어를 만들어 내는 것이다. 다음의 생각에 대해 역발상을 해보자.

상황 ≫ 갈등은 인간관계에 방해가 된다

역발상 1_ 어떻게 인간관계가 갈등을 막을 수 있을까?

역발상 2_ 어떻게 갈등 자체를 막을 수 있을까?

역발상 3_ 어떻게 갈등이 좋은 인간관계를 만들 수 있을까?

위의 역발상을 통해서 '갈등은 인간관계에 방해가 된다' 라는 상황에 대한 다양한 해결방안과 아이디어를 만들어 낼 수 있다. 만약 역발상 3을 통해서 다양한 생각들을 만들어 낸다면, 갈등을 회피하지 않고 갈등 자체를 생산적인 문제해결의 기회로 생각하고 이를 적극적으로 이용하는 방안 등을 생각해 볼 수 있을 것이다. 역발상을 이용하여 성공한 사례들은 마케팅 분야에서 많이 발견되는데 다음과 같은 성공 사례들이 보고되고 있다.

역발상의 성공사례

- 속옷도 경우에 따라서는 겉옷이 될 수 있다 ➡ 란제리 역발상
- 껌도 약병에 들어갈 수 있다 ➡ 패키지 역발상
- 김밥도 삼각형이 될 수 있다 ➡ 삼각김밥의 역발상
- 요구르트는 위장을 위한 것이기도 하다 ➡ 위 보호 요구르트 역발상
- 추리닝도 훌륭한 외출복이 된다 ➡ 운동복의 외출 역발상
- 카메라도 매일 들고 다니는 액세서리이다 ➡ 디지털 카메라의 역발상

육하원칙을 이용한 창조적 사고

여러 가지 창조적 사고 기법 중에 또 한가지 기억해 볼 만한 것은 우리가 잘 아는 육하원칙(6H:언제〔When〕, 어디서〔Where〕, 누가〔Who〕, 무엇을〔What〕, 어떻게〔How〕, 왜〔Why〕)을 이용하여 아이디어를 만들어 내는 방법이다.

- **언제(When)** : 언제 할지 혹은 해야 할지? 급한 일인지 혹은 연기가 가능한 것인지? 빨리 하는 것이 좋은지 혹은 나중에 하는 것이 좋은지?
- **어디서 (Where)** : 어디서 행해져야 하는지? 다른 가능한 장소는? 장소가 행위 자체에 어떤 영향을 주는지?
- **누가 (Who)** : 누가 이해당사자인지? 문제의 인간적인 측면은 없는지? 누가 행위를 했는지? 누가 손해를 보고 이익을 있는지? 이해 당사자 중 누가 참여하고 배제된 사람은 없는지?
- **무엇(What)** : 무엇을 할 것인지? 문제가 무엇인지? 무엇이 행해져야 하고 혹은 무엇이 행해졌는지? 무엇이 잘못된 건지? 무엇이 잘된 건지 혹은 잘될 수 있는지?
- **왜(Why)** : 왜 했는지? 왜 피했는지? 왜 허용 되었는지? 왜 특정한 행동, 생각, 방법 등이 채택되었는지? 다른 시간, 장소, 행위 등은 왜 안 되는지?

- **어떻게(How)** : 어떻게 해야, 했어야 했는지? 어떻게 묘사되거나
  이해되고 있는지?

등의 질문을 통해 다양한 각도에서 문제에 접근하는 아이디어를
만들어 낼 수 있을 것이다.

창의적 협상의 연습

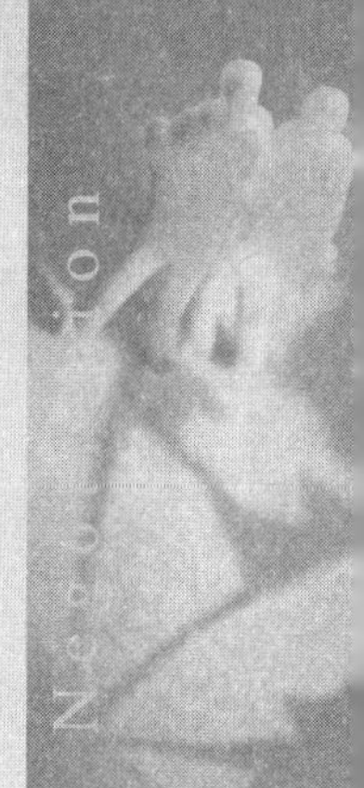

위의 여러 창의적인 방법을 응용하여 다음과 같은 상황의 문제를 해결해 보자.

첫 번째 연습

'갑'은 건물의 지하를 임대하여 슈퍼마켓을 하고 있다. 처음에는 그 공간이 충분하다고 생각하여 계산대의 옆 공간에 작은 테이크 아웃(Take-out) 커피점을 운영할 수 있는 공간을 '을'에게 재임대 하여 주었다. 커피점에서 나오는 임대료는 많지는 않지만 그래도 처음엔 적잖이 도움이 되기도 하였다. 하지만 점점 자신의 슈퍼마 켓에서 판매하는 물건이 많아져서 공간도 좁아지고, 건물주로부터 임대료를 대폭 올리겠다는 말을 들은 이후로는 '갑'은 좀더 공격적인 경영을 위해서 '을'의 공간이 필요하다는 생각을 하고, '을'에게 20%의 임대료를 올려주거나 아니면 임대 계약을 해지할 수 밖에 없다는 통보를 하였다. '갑'과 '을'은 어떻게 이 상황을 창조적으로 해결해 나갈 수 있을까?

첫째, '갑'과 '을'의 입장과 그 이면의 이해관계를 살펴보자.

갑의 입장 : ① '을'에게 임대한 공간이 자신을 위해서 필요하고

② 임대료를 올려 주어야 한다.

을의 입장 : ① 계속 커피점을 운영하기 위해서 재임대가 필요하고

② 현 상태에서 임대료 인상은 경영에 큰 타격이다

위의 입장들의 이면을 살펴보면 다음과 같은 이해들을 파악해 볼 수 있다

갑의 이익들 : ① 더 많은 물건을 취급할 수 있는 공간이 필요

② 건물주가 요구하는 임대료의 지급을 위한 재원이 필요

을의 이익들 : ① 계속적인 커피점 경영을 위한 공간의 확보

② 인상된 임대료를 지급하기 위한 재원의 확보

갑과 을이 모두 사용하기에는 공간이 부족한 상황에서 '한 공간은 '갑' 이나 '을' 한 사람만이 사용할 수 있다' 는 생각을 역발상을 통해서 두 사람 모두가 사용할 수 있는 공간이 될 수 있다는 것을 생각해 낼 수 있다. 또한 육하원칙의 기법을 이용해서, 다양한 이해관계를 파악해 봄으로써 문제해결의 가능성을 검토해 볼 수 있다.

창조적인 해결 방안으로는 다음의 것들을 생각해 볼 수 있다. 커피류의 제품들과 같이 '갑' 이 현재 팔고 있지 않지만 '을' 의 커피점에 어울리는 품목을 검토하여 이를 '을' 의 공간에서 판매하게 하는 것을 생각해 볼 수 있다. 다양한 원두 커피, 커피잔, 커피 관련 유제품 등을 생각해 볼 수 있다. 이는 '갑' 에게는 전체적으로 판매하는 품목의 수를 늘리는 효과를 가져오게 되어, 처음에 품목수를 늘리기 위해서 공간을 확보하고자 했던 그 목적을 달성할 수 있으면서도, '을' 에게서 나오는 임대료 수입을 계속 보장 받을 수 있고, '을' 의 입장에서도 계속 재임대를 하는 것은 물론 새로운 품목을 취급하게 됨으로써 경영성과 신장의 가능성을 기대해 볼 수 있다.

추가적으로 슈퍼마켓의 쿠폰 등을 일회용 커피잔에 새겨서 서로의 판촉에 도움을 주거나, 서로의 고객에게 일정액의 할인을 해주는 등 서로가 처음에 기대하지 않았던 가능성까지도 창조적으로 만들어 갈 수 있는 것이다.

우리의 주입식 교육과 사지선다형의 객관식 문제 중심의 교육은 창조성을 발휘하기 어렵게 만들어 왔다. 주입식 교육은 이미 답을 만들고 이를 이해하고 암기하는 것이 주가 되고, 객관식의 경우도 문제를 해결하기 보다는 만들어진 답들 중에서 보다 나은 것을 고르는 것 뿐이다. 따라서, 존재하지 않는 것을 새롭게 만들어 내는 것을 굉장히 어렵게 느낀다. 무언가 주어져야지만, 이에 대해 비판을 하거나, 혹은 그 중 하나를 선택할 수 있는 것이다. 이 때문에 무언가 선택할 대상이 주어져야만 작동을 하는 수동적인 자세를 갖게 된다. 하지만 급속도로 변화하는 시대에 살아가면서 종래의 문제해결 방식에 안주해 버린다면 우리의 삶 속에서 제기되는 수많은 문제들에 효과적으로 대응하는 것은 불가능하다. 스스로의 창조성에 자신감을 가지고 문제를 다른 각도에서 바라보고, 다양한 방안들을 창출해 내며, 이의 다양한 결합을 통해 그 방안들을 더욱 확대해 가는 창조적인 사고 능력을 길러 간다면 얼마든지 창의적인 문제해결이 가능하다고 생각한다. 창의적 사고 능력이야말로 생산적이고 새로운 결과를 만들어 낼 수 있는 현대 사회의 중요한 사고 능력이다.

두 번째 연습

다음은 좀 더 복잡한 상황을 연습해 보자.

A사는 가정용 전자제품을 생산하는 대기업이고 B사는 A사 제품

성능의 일부를 획기적으로 향상시킬 수 있는 기술의 득허를 가지고 있는 벤처 회사이다. A사는 여러 경쟁사들을 물리치기 위한 제품을 기획하고 있고 이를 위해서는 B사의 기술이 반드시 필요하다. 또한 적시에 제품을 출시하기 위해서는 가능한 한 빠른 시간 내에 라이센스(License) 계약을 마무리 짓고 제조에 들어가야 한다. 하지만 현재 로열티(Royalty)의 계산 방법을 가지고 서로 첨예하게 대립하고 있는 상태이다.

어떻게 문제를 창의적으로 해결하여 서로에게 이익을 가져다 주는 협상 결과를 만들어 낼 수 있을까?

로열티는 특허 기술을 빌려 쓴 회사가 이를 사용하여 얻은 이익의 일부를 원래 기술을 가지고 있던 회사에 그 사용 대가로 지불하는 것을 말한다. 일반적으로 로열티의 문제는 한쪽이 얻으면 한쪽이 그만큼을 잃게 되는 제로섬 게임(Zero-sum game)이라고 생각하는 경향이 있다. 로열티를 많이 지급할수록 자신에게 돌아오는 이익은 작아지기 때문이다. 따라서 기술을 빌려 준 쪽은 좀 더 높은 로열티를 얻어 내기 위해서, 그 상대편은 조금이라도 낮은 로열티를 주기 위해서 대립하는 상황이 자주 발생한다. 하지만 이런 라이센스 계약을 통해서 얻을 수 있는 이익이 로열티뿐이라는 생각은 다양한 관점에서 거래를 바라보지 못하기 때문에 비롯된 것이다.

먼저 로열티의 산정방식을 둘러싸고 다툼이 발생한다. 로열티는 대개 총수입(Gross revenue) 또는 순수익(Net profit)에 일정 비율을 곱하여 산정하는 경우가 많다.

로열티 = 총수입 혹은 순수익 × 일정 비율

따라서, 기술을 빌려 주는 측은 총수입을 기준으로 하자고 요구하는 경우가 많은 반면, 기술을 빌려 쓰는 편에서는 순수익을 기준으로 하자고 요구하는 경우가 많다. 보통 총수입에서 여러 발생 비용을 제한 것이 바로 순수익이 되기 때문에 단순한 숫자의 비교로는 총수입의 숫자가 순수익에 비해서 크게 나타난다.

순수익 = 총수입 – 총비용

기술을 빌려 준 쪽에서는 많은 로열티를 받기 위해서 총수입이 유리하다고 생각하는 반면 지급하는 편에서는 작은 로열티를 위해서 순수익이 더 낫다고 생각한다. 이런 주장들은 다른 관점에서 바라보면 합리적이지 않음을 쉽게 알 수 있다. 어떤 것을 기준으로 하더라도 동일한 결론을 이끌어 낼 수 있다. 먼저 무엇을 기준으로 하던지 로열티 비율을 조정함으로써 전체 금액을 바꿀 수 있다. 총수입을 기준으로 할 때 5%의 비율을 사용한다면 더 작은 금액인 순수익을 기준으로 하더라도 더 큰 비율인 7%나 8%의 비율을 주장하여 동일한 결과를 얻어낼 수 있다. 또한 순수익을 계산하기 위한 공제 항목의 수를 최소화 한다면 결과적으로 총수입과 큰 차이가 나지 않을 수도 있다.

따라서 로열티의 산정방식이 문제가 된다면 단순히 무엇을 기준으로 할 지를 위해 싸울 것이 아니라 해당 제품의 제조 및 판매에 있어서 소요되는 비용은 얼마나 되는지, 판매 가격을 기준으로 통상 어느 정도의 수익률을 가지는지 등을 먼저 검토해 볼 필요가 있다. 만약 유통 구조상 판매 대리인들에게 많은 커미션(Commission)을 제공해야 하는 등 많은 판매 비용이 드는 경우이거나 경쟁 제품이 많아 상대적으로 높은 마케팅 비용이 필요한 경우 이를 무시하고 총수입을 로열티 기준으로 주장한다면 로열티를 지급하는 편에서는 자신의 힘든 상황이 제대로 이해되고 있지 않다는 생각을 하기 쉽고, 어떻게든 작은 로열티의 지급을 통해 자신의 수익을 담보하려고 다양한 수단을 강구하게 될 것이다. 서로 이해 관계가 상반된 대결과 경쟁의 관계로 인식하게 되는 것이다. 또한 위의 비용들이 크게 발생하지 않아서 총수입과 순수익의 차이가 크지 않은 경우라면 굳이 산정 기준에 많은 시간과 에너지를 소비할 필요가 없을 것이다.

그러면 이제 총수입과 순수익을 기준으로 하려는 각각의 입장에서 벗어나 최적의 수익을 보장하려는 스스로의 이익의 관점에서 문제를 다시 바라볼 필요가 있다. 이를 위해서는 먼저 기술을 사용하여 만들어진 제품의 판매가 어느 정도의 수익을 발생시키는지를 알아보고 이를 기준으로 하여 어느 정도의 로열티가 적정한지를 검토해 볼 필요가 있을 것이다.

더 나아가 로열티를 받는 편에서도 거래를 통해서 얻을 수 있는 이익이 상대방이 벌어들인 수익의 일부를 대가로 받는 로열티가 전부라는 수동적인 자세에서 벗어날 필요가 있다. 협상이나 거래를 통해서 얻을 수 있는 이익을 얼마든지 확대될 수 있다. 순수익을 기준으로 마케팅 비용 등의 공제 항목을 인정하는 경우라고 하더라도, 마케팅 계획이나 실행에 있어서 서로의 협조를 통해 얼마든지 판매를 확대해 나갈 수 있다. 판매의 확대는 결국 높은 수준의 로열티를 의미한다. 이렇게 수동적인 자세에서 벗어나 스스로가 로열티의 확대를 위해서 적극적으로 마케팅, 판매 등에 도움을 주는 협력자가 될 수 있다. 단순한 대립의 관계에서 서로를 위한 성공 파트너가 되는 것이다.

극단적인 경우, 서로의 많은 노력에도 불구하고 그 산정 기준을 결정하는데 실패할 수도 있다. 그렇다고 해서 서로에게 주어진 좋은 기회를 버릴 필요가 없다. 어떤 하나의 문제가 해결되지 않았을 때 협상 자체를 원점에서부터 재검토하는 경우를 자주 발견하게 되는데 하나의 문제에서 합의가 이루어지지 않았다는 것이 서로를 대립적인 관계로 만드는 것은 아니다. 위의 상황에서 A사는 적시에 제품을 출시하는 것이 경쟁에서 이기기 위해 무엇보다도 중요하다. 벤처 기업인 B사 또한 A사와 같은 대기업을 협력사로 두는 것은 자신의 기술력에 대한 인정이나 회사 가치의 측면에서도 여러모로 유리하며 재정적으로 큰 도움을 받을 수 있다. 따라서 단순히 서로에게 도움이 되는 좋은 기회를 로열티 산정 기준 때문에 던져 버릴 필요가 없다. 합의를 이루는 것이 어렵다면 일단 신제품의 출시를 위한 기술의 제공과 제조를 진행해 나가면서 지속적으로 사전에 합의한 일정에 따라 이에 대한 협상을 계속해 나갈 수 있다. 분쟁이 있는 회사의 제품을 선호하는 소비자는 어디에도 없다. 탄탄한 기술력을 가진 벤처 기업과 뛰어난 제조 능력과 판매망을 갖춘 대기업의 아름다운 협력이라는 긍정적인 기업 이미지 또한 협상을 통해서 얻을 수 있는 큰 이익 중의 하나이다. 서로의 불신을 해소하기 위해서 필요하다면 로열티 문제가 해결될 때까지 판매 제품에서 나온 수익금의 일부는 각각의 기래 온행이 이닌 제3의 금융기관에서 관리하도록 하거나 에스크로우(Escrow) 등을 이용하는 것도 검토해 볼 수 있을 것이다. 그 중립적인 기관이 관리하던 수익금은 최종적으로 로열티 문제가 해결되었을 때 그 산정 기준에 따라서 계산하여 나누면 되는 것이다.

팝 그룹 '우편 서비스'와 미국 우체국과의 협상

2003년 '포기해라(Give up)'라는 앨범이 약 사십만 장 이상 팔려 나갈 무렵, 지미 탐보렐로(Jimmy Tamborello)와 벤 기발드(Ben Gibbard)로 구성된 2인조 팝 밴드 '우편 서비스(The Postal Service)'는 미국 우체국(The United States Postal Service : USPS)으로부터 자신들의 상표권을 침해 하였으며 더 이상 '우편 서비스'라는 그룹의 이름을 사용하지 말 것을 명령하는 경고장을 받게 된다. 미국 우체국의 주장은 '우편 서비스'는 자신들의 등록되어 있는 상표권의 하나이므로 이를 음악 밴드가 사용하는 것은 상표의 가치를 훼손할 수 있는 침해행위라는 것이었다.

만약 '우편 서비스'가 인기 그룹이었거나 앨범 또한 중견 음반 회사로부터 발매된 것이었다면 충분한 자원을 통해서 쉽게 문제를 해결할 수도 있었겠지만, 처음으로 인기를 얻기 시작한 '우편 서비스'나 오랫동안 히트 앨범을 내지 못했던 소규모 음반회사의 입장에는 미국 우체국의 경고장은 청천벽력과도 같은 것이었다. 앨범의 광고를 위한 충분한 예산 조차 생각하기 어려운 소규모 음반회사에게 갑작스레 이름을 바꾸는 것은 악몽과 같은 것이었다. 만약 이름을 바꾼다면 이미 만들어 놓은 앨범들 또한 무용지물이 되어버린다. 밴드의 입장에서도 이제 겨우 인기를 얻기 시작한 상황에서 이름을 바꾸는 것은 상상도 할 수 없는 것이있다.

이런 최악의 상황에서도 '우편 서비스'는 포기하지 않고 미국 우체국의 담당자를 만날 것을 요청하였고 창의적인 문제해결을 시도하였다. 경쟁적 대응이나 상대방의 요구를 단순하게 수용한 것이 아니라 자신들의 이익을 — 밴드의 이름을 유지 — 지키면서도 미국 우체국이 가지고 있는 우려들을 해결해 나갈 수 있는 방법을 찾아보려고 노력한 것이다. 먼저 '우편 서비스'라는 밴드의 이름은 우체국의 상표권을 침해하거나 부당하게 이용하려고 한 것이 아니라는 것을 설명하였다. 실제로 미국 서부의 북쪽에 위치한 시애틀(Seattle)과 남쪽에 있는 로스앤젤레스(Los Angeles)에서 각각 활동하면서 음반 작업을 해야 했던 지미와 벤에게 우편 서비스가 존재하지 않았다면 새로운 앨범은 만들어 질 수 없었다. 지미가 자신의 음악을 담은 컴퓨터 디스켓을 우편을 통해 보내면 벤은 이를 더욱 완성된 작품으로 보완을 하여 다시 우편으로 보내는 방식으로 음반 작업을 헤 니갈 수 있었다. 이렇게 시로의 음익에 대한 생각이 우편 서비스를 통해서 공유되고 발전되어 갈 수 있었기 때문에 밴드의 이름을 '우편 서비스'라고 하는 다소 특이한 것으로 결정하게 된 것이었다.

미국 우체국의 협상자는 '우편 서비스'의 설명을 곰곰이 듣고 나서는 결국 '우편 서비스'라는 이름이 자신들의 상표를 무단으로 이용하기 위한 의도가 아닌 진정한 감사의 의미로 만들어졌다는 것을 이해하기 시작하였고, 서로에 대한 이해는 긍정적인 감정을 불러일으키게 되었다. 이는 결국 창의적인 협상의 분위기로 이어질 수 있었다. 상표권의 침해라고 하는 단순한 입장에서 벗어나 협상을 통해서 어떤 이익을 얻을 수 있는지에 초점을 맞추게 되었고, 서로에게 도움이 될 수 있는 다양한 방안들을 창의적으로 고민하게 되었다.

미국 우체국은 상표권의 침해라는 부정적인 시각에서 인기를 얻고 있는 음악 밴드의 이름이 '우편 서비스'라는 것이 자신들의 이미지에도 도움이 될 수 있다는 새로운 관점에서 문제를 바라보기 시작하였다. 더욱이 '우편 서비스'의 주요 팬들이 이, 삼십 대의 젊은 층이라는 점도 긍정적으로 작용하였다. 인터넷이나 전자 메일을 주로 사용하고, 기존의 우편 서비스는 느리고 구식이라는 부정적인 생각을 가지고 있는 젊은 층에게 그들이 좋아하는 음악 밴드를 통해서 우체국 서비스를 부각시킬 수 있다면 고객층의 확대라는 측면에서도 긍정적인 효과가 발생할 수 있다는 점을 생각할 수 있었다. 결국 미국 우체국과 '우편 서비스'는 대결과 갈등으로 발전할 수 있었던 상황을 서로에게 도움이 되는 기회로 그 관계를 더욱 발전시키게 된 것이다. 먼저 우체국은 '우편 서비스'라는 이름을 계속 무료로 사용하게 하는 대신에 '우편 서비스'가 자신들의 상표권임을 앨범상에 명시하게 하여 서로의 관계를 부각시켰으며, '우편 서비스'의 앨범 판매를 돕기 위해서 우체국 홈페이지에서도 앨범 판매를 할 수 있도록 하였다. 또한 우체국 광고에서 '우편 서비스'의 작품을 사용하기도 하였으며, 밴드의 공연을 젊음 층에 대한 판촉 행사의 기회로 사용하였다. 서로에게 도움이 되는 다양한 기회들을 찾아내고 효과적으로 이용한 것이었다.

정리해 보면 성공의 포인트는 먼저 미국 우체국의 요구에 '우편 서비스' 밴드가 경쟁적이거나 대결의 방식으로 대응하지 않았으며 자신들이 불리한 상황이라는 이유로 무조건적으로 우체국의 요구를 수용하는 양보형의 협상 태도를 취하지도 않았다. 대결을 피함으로써 부정적인 감정의 발생은 피하면서도 자신의 상황을 솔직하게 공개하고 상대방의 서비스에 대한 진심어린 감사를 보여서 긍정적인 감정을 불러 일으킴과 동시에 서로에 대한 깊은 이해를 통해 창의적인 협상이 가능한 분위기와 관계로 발전시켜 갈 수 있었다. 또한 미국 우체국은 자신들의 우월한 지위를 이용하여 상대방을 위협하거나 대결에서의 승리를 추구하기 보다는 자신의 이익이 무엇인지 긍정적이고 창의적인 고민을 하였으며, 최초 음악 밴드 이름의 사용을 중지하게 한다는 단순한 입장에서 어떤 이익을 찾을 수 있는지 새로운 시각으로 문제를 바라보기 시작하였다. 이런 우체국과 '우편 서비스'의 협조와 노력은 서로에게 이익이 될 수 있는 다양한 방안들을 찾아내는데 도움을 주었다. 서로의 관계를 대립의 관계에서 서로를 위한 파트너의 관계로 발전시킬 수 있었던 것이다. 대화의 방식에 있어서도 상대방의 잘못을 찾기 보다는 문제의 해결책을 찾기 위한 방향으로 전개하였고, 상대방의 입장을 적극적으로 듣고 이해하려는 자세가 효과적이었다는 점 또한 기억해 볼만하다.

|핵심내용 정리|

○ 협상의 목적은 분배가 아닌 창조다. 협상의 성공은 새로운 가치의 창조에 있다.

○ 문제의 발견 및 분석을 위해서는 논리적, 분석적 사고가 필요하지만, 다양한 해결 방안을 찾기 위해서 필요한 것은 창조적인 사고이다.

○ 창조적인 사고 능력은 얼마든지 훈련을 통해서 길러질 수 있다.

○ 창의적인 협상을 위해서는 먼저 입장과 이익을 분리해야 한다.

○ 협상의 초점을 입장이 아닌 이익의 충족에 맞추어야 한다. 다양한 관점을 바라 보면 서로를 충족시키는 수많은 대안들을 찾을 수 있다.

○ 창조적 사고 기법의 연습이 필요하다. 창조적 사고를 통해서 협상의 가치를 확대해 간다.

제6장

성공적인 협상을 위한 실무 노트

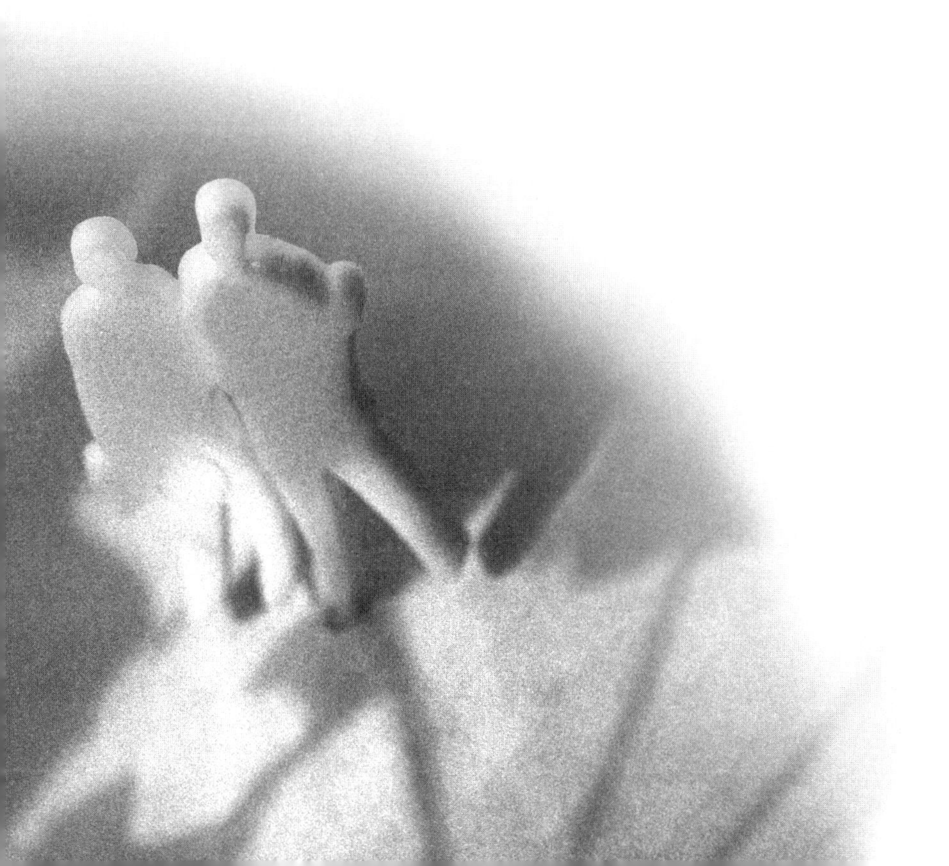

성공을 원한다면 실패를 연습하라. 성공은 실패의 준비로부터 시작된다.
성공적 협상은 언제 협상 테이블을 떠날지를 아는 순간부터 시작된다.

성공적인 협상을 위한 실무노트

앞에서 우리는 다양한 협상에 대한 잘못된 편견들을 알아보고 이것들이 어떻게 협상의 과정에 나쁜 영향을 미치고 있는지 생각해 보았다. 또한 인간의 감정과 지각의 문제들, 협상의 과정 중에 감정이 어떤 영향을 미칠 수 있으며 어떻게 이를 적극적으로 대응할 수 있는지를 검토해 보았으며, 여러 종류의 지각의 오류들을 바로 잡고 바른 판단을 내리는데 도움을 줄 수 있는 기술들을 연습해 보았다. 이러한 바른 협상에 대한 이해, 자신과 상대방의 감정을 이해하고 이에 대한 적극적이고 긍정적인 대응, 다양한 지각 과정에서의 오류들을 극복한 바른 판단과 사고의 과정은 성공적인 협상의 바탕이 되며, 창의적인 협상법의 중요한 기초를 이룬다는 것을 이해할 수 있었다. 또한 대화의 기술과 협상 당사자들간의 관계가 어떻게 협상 과정을 통해서 영향을 미칠 수 있는 지도 생각해 보았다.

이러한 기초적이고 이론적인 지식들과 함께 간과되어서는 안될 것이 바로 협상 테이블에서 사용하게 될 다양한 협상의 실무적인 기술들이다. 이 장에서 우리는 다음과 같은 것들에 대해서 검토해 보자.

- 협상력이란 무엇일까?

- 협상력을 어떻게 키울 수 있을까?

- 다양한 자원(Resources)을 가진 소위 '강자'와의 협상에서 성공하려면?

- 제안은 먼저 하는 것이 좋을까? 아니면 상대방이 하도록 기다리는 것이 좋을까?

- 양보를 해야 한다면 어떻게 하는 것이 좋을까?

- 자신의 입장을 제시하거나 상대방이 부당한 요구를 해올 때 대응하는 가장 효과적인 방법은?

- 협상 테이블은 언제 떠나는 것이 좋을까? 협상의 결과를 평가할 수 있는 기준은?

- 협상 테이블에서 흔히 접하게 되는 기존의 협상 전술(Tactics)과 그 대응 방법

협상력이란 무엇일까

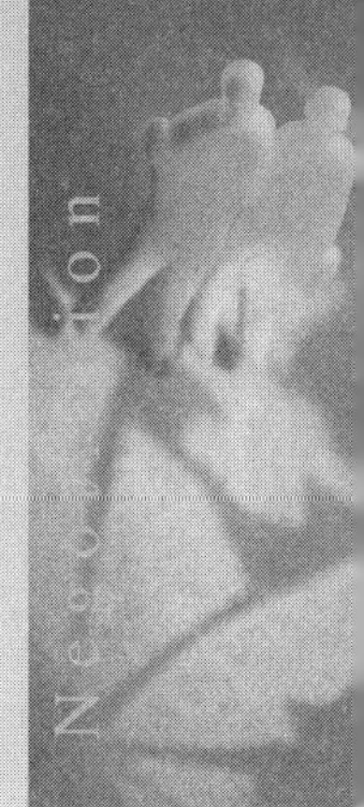

최선의 차선책과 협상 시한

협상에서의 힘은 자원(Resources)이나 지위(Status)를 말하는 것이 아니다. 협상이 결렬되었을 때의 최선의 차선책(BATNA*)과 협상 시한이 협상력을 구성한다.

협상의 역학구도를 이해하는 데 있어서 가장 기본적인 것이 협상력에 대한 이해이다. 흔히 협상력이 강하면 협상을 주도할 수 있으며 강한 협상력은 협상의 성공을 담보해 줄 수 있다고 생각한다. 과연 진정한 협상력은 무엇을 의미하는 것일까? 힘에 대한 잘못된 이해는 많은 불행한 결과를 가져올 수 있다. 협상에서의 힘을 물리적, 경제적 자원의 측면에서 보게 되면 협상 결과는 이미 결정된 것이나 다름없고 협상을 통해서는 어떤 새로운 가능성을 찾기가 어렵다고 생각하기 쉽다. 따라서 비공식적인 방법을 통해서 문제의 해결을 모색하게 한다. 보통 물리적, 경제적 자원은 쉽게 만들어지지도 사라지지 않는다. 이러한 방식의 인식은 협상 자체를 힘의 논리의 지배를 받는 하나의 경쟁의 장으로 인식하기가 쉽다. 소위 세상 속에 강자가 협상에서도 강자라는 생각을 하기 쉽다. 또한 힘의 논리가 지배한다고 하는 잘못된 상황 인식은 자신을 열등한 존재로 판단하게 될 경우, 회피 현상을 만들어 내기 쉽다. 혹은 무조건적 양보를 정당화하기 쉽다. 갈등의 회피 현상은 상대방의 강한 힘에 대한 자기 방어의 방법으로 사용된다. 여기에 만약 협상 당사자 자신의 열등 혹은 우월 콤플렉스가 결합되면 극단적 회피 혹은 반대로 극단적 경쟁의 장으로 협상을 몰고 갈 수 있다.

이 때문에 협상력에 대한 이해는 협상의 역학 구도를 정확하게 판단하는데 매우 중요하다.

협상력에 대한 가장 흔한 두 가지 오해는 협상력이 상대방과는 관련 없는 일방적 개념이라는 것과, 협상이 한번 결정되면 변하지 않는 고정 불변의 것이라는 생각이다. 하지만 실제로 협상력은 상대방을 떼어 놓고는 생각할 수 없는 상대적인 개념이며, 협상 과정을 통해서 끊임 없이 변화 하는 유동적인 성격을 갖는다.

이런 협상력에 대한 오해는 협상력을 협상 당사자들의 지위나 사용 가능한 자원(Resources)의 측면에서 판단하기 때문인데, 실제의 협상력은 그런 물리적인 힘이 아니라, 바로 최선의 차선책 매력도

(Attractiveness of the best alternative to a negotiated agreement)와 협
상 시한까지의 여유(Time left to reach an agreement)의 상관관계를
통해서 이해되어야 한다.

자신의 협상력은 아래와 같이 파악될 수 있다.

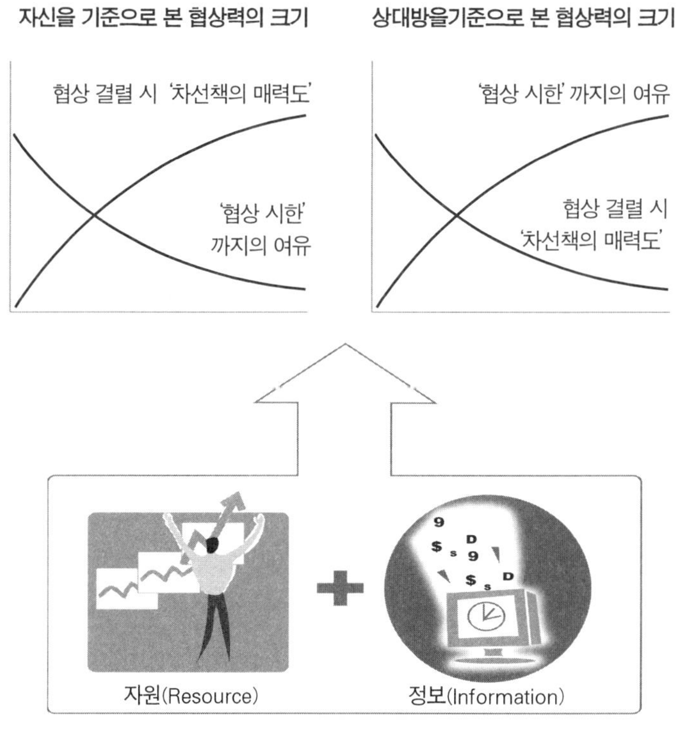

협상력의 크기

다소 복잡해 보이지만, 간단히 설명하면 자신의 차선책 매력도가 높으면 높을수록 협상력은 커진다. 상대방의 대안의 매력도가 높으면 협상력은 감소하게 되며, 자신이 협상 시한까지의 여유가 많을수록 협상력은 커지지만, 상대방이 시간에 구애받지 않고 협상에 임할 수 있다면 협상력은 반대로 작아지게 된다. 즉, 협상력은 양 당사자의 최선의 차선책 매력도와 협상 시한의 함수관계에 있다고 할 수 있다. 협상 전문가인 허브 코헨(Herb Cohen)은 협상 시한과 관련된 자신의 아픈 기억을 소개한 적이 있다. 그가 협상을 위해 일본에 도착했을 때 협상 상대방인 일본 회사에서 마중을 나왔다고 한다. 그때 공항으로 돌아오는 차편도 미리 준비를 하겠다며 귀국하는 비행기편의 일정을 알려 달라고 했고, 이를 순수한 의도로 생각하여 응했다고 한다. 그런데 일본측은 미국으로 돌아가는 날짜가 다가오는데도 정작 협상은 시작하지 않고 일본 문화에 대한 소개 등 다양한 형태의 접대를 계속하다가 귀국 직전이 되어서야 갑자기 협상을 시작하였다고 한다. 갑작스럽게 귀국을 연기할 수도 없고, 빈손으로 돌아갈 수도 없어서 어쩔 수 없이 계획보다 많은 양보를 해야 했다고 말한다. 이렇게 협상 시한에 대한 정보와 이를 이용한 협상진행 방식은 협상력에 직접적으로 큰 영향을 미친다.

* **BATNA**(Best Alternative To a Nagotiated Agreement):
이 용어는 현재 '배트나', '협상 대안' 등 다양한 방식으로 번역되고 있다. 하지만 이 책에서는 협상이 결렬되었을 때 갖게 되는 '최선의 차선책'이라는 의미를 가진 단어로 사용한다.

협상력은 변한다
협상을 하면서 내 협상력을 키운다

자원과 정보

물론 협상력을 구성하는 것이 이 두 가지뿐이라고는 말할 수 없다. 최선의 자선책과 협상 시한이라는 협상력 구성 요소 자제에 근본적으로 영향을 미칠 수 있는 깃으로 사용 가능한 자원(Available resources)과 정보(Information) 등을 들 수 있다. 다양한 종류의 차선책은 협상 시작 이전에 이미 정해져 있거나, 협상 당사자들이 알고 있는 것들이 아니다. 협상 시한에 대한 정보도 마찬가지다. 자신과 상대방이 어떤 차선책을 가지고 있는 지는 협상 시한과 마찬가지로 협상진행 과정을 통해서 끊임없이 변화하고 새롭게 만들어 지는 것이다.

따라서 협상력은 협상의 과정 동안 고정되어 있는 것이 아니라 계속해서 변화하는 유기체와 같은 것이다. 상대적이기 때문에 자신뿐만 아니라 상대방에 의해서도 협상력은 커질 수도 작아질 수도 있다. 이러한 협상력의 변화를 가져올 수 있는 기본적인 요소들이 바로 자원과 정보들이다. 사용 가능한 물리적인 자원들이 바로 협상력 자체가 되지 않는 것은 이미 설명하였다. 하지만 이러한 물리적인 힘들은 바로 협상력을 키우는데 도움이 될 수 있다. 예를 들어, 국내에서 독점 판매되고 있는 어떤 물건을 구매해야 한다고 치자. 이러한 상황에서 자신에게 인적, 물적 자원이 풍부하다면 이러한 자원을 이용하여 관심 있는 물건을 팔고 있는 외국의 판매자들을 찾아보고 그들에게서 각각의 가격 제안을 받아 본다. 여러 국가에서 판매되고 있는 경우라면, 운송 비용 등의 각종 비용들도 고려해 본다. 이런 과정들을 통해서 바로 국내의 독점 판매자 이외의 다양한 차선책을 준비해 놓는 것으로 자신의 협상력은 강해질 수 있다. 막연하게 다른 판매자가 있다는 사실을 알고 있는 것은 협상에 큰 도움이 되지 않는다. 구체적으로 어떤 가격과 조건으로 구매할 수 있는지에 대한 명확한 확답을 받아 놓았을 때 그것이 실제 협상에서 힘으로 작용할 수 있다. 이렇게 자원을 효과적으로 사용한다면 협상력을 키우는데 있어서 큰 힘이 될 수 있다. 보통의 경우 최선의 대안은 관념적이고 추상적인 경우가 많다. 협상에 있어서 구체적이지 않은 차선책은 실제 협상력이 되지 못한다. 하지만 충분한 자원을 통해 이러한 최선의 대안들을 구체화하고 적극적으로 현실화해 볼 필요가 있다. 다양한 정보수집을 통해 구체적으로 '누가', '얼마'에 팔 의향을 가지고 있는지를 정확하게 파악해 볼 수 있다. 이러한 과정을 통해서 다양한 종류의 대안을 찾아 낼 수 있고 이것이야말로 진정한 자신의 협상력으로 구체화될 수 있는 것이다.

연봉협상을 생각해 보자. 사람들은 당연히 회사가 직원에 비해 상대적으로 더 큰 협상력을 가지고 있을 것이라고 생각하기 쉽다. 하지만 실제로 그렇지 않은 경우가 많이 발견된다. 만약 한 직원이 현재의 임금 수준보다 높은 제안을 다른 회사로부터 받았다고 가정해 보자. 그리고 최종적인 결정을 하기까지 약 한달 정도의 여유가 있는 상태에서, 회사는 연봉의 문제를 이번 달 안에 결정하기 위해서는 약 3주 정도의 시간을 가지고 있다고 할 때, 누구의 협상력이 더 강하다고 할 수 있을까? 직원은 실제로 연봉협상이 결렬된다고 하더라도, 다른 회사에서 더 높은 연봉의 제안을 받았으므로 높은 배력을 가진 차선책을 가지고 있고, 상대적으로 회사에 비해 많은 시간적인 여유도 가지고 있다. 따라서 이러한 상황에서는 직원이 회사에 비해 높은 협상력을 가지고 있다고 할 수 있다.

협상 시한의 조절을 통해서도
협상력은 변화할 수 있다

매매 거래의 협상을 진행하다 보면, 많은 경우 월말에 집중되어 있는 것을 볼 수 있는데, 월말의 거래는 위에서 설명한 대로 판매자의 협상력을 떨어뜨린다. 왜냐하면, 월말에 마감을 해야 하기 때문에 시간적 여유가 없으며, 또한 월별 매출 할당량을 채우지 못한 경우 어떻게든 거래를 성사시켜야 하기 때문에 구매자의 할인 요구 등을 거절하지 못하는 경우가 많다. 판매자와는 달리 구매자의 경우엔 보통 '월말'이라는 시간적 제한을 받지 않는다. 하지만 반대로 구매자의 경우 연말이 되면 할당된 예산을 소진하려고 노력하는 경우가 많은데, 이 때는 앞에서의 상황과는 반대로 구매자가 시간적으로 절박한 상태가 되기 때문에 협상력이 역전되는 경우를 흔히 발견하게 된다. 합리적이고 바람직한 현상은 아니지만, 할당된 예산을 다 쓰지 못하는 경우, 다음 해에 예산이 삭감될 가능성이 많기 때문에 투자 계획에 배정된 예산을 다 쓰려고 노력하는 것이다. 이와 같이 시간적 여유와 협상의 타결 이외의 차선책이 무엇이냐에 따라서 협상력은 달라질 수 있다.

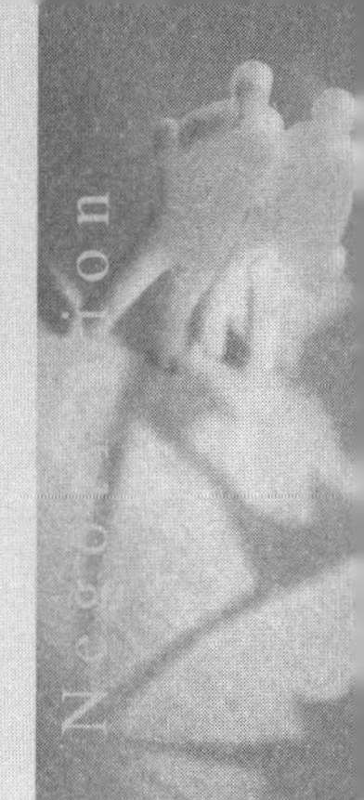

협상에서의 절대 강자는 없다
협상력은 상대적이다

협상에는 상대가 있다. 절대적인 협상력이란 없으며 상대의 협상력을 줄일 수 있다면 반대로 자신의 협상력은 커지게 되는 개념이다. 예를 들어, 물건에 관심을 갖는 구매자에게 다른 제품에서는 찾아 볼 수 없는 제품의 특성을 부각시키거나 일깨우는 것 또한 자신의 협상력을 키우는 방법이다. 상대방 스스로 알지 못했던 필요성이란 얼마든지 찾아낼 수 있다. 제품의 특정 성능에 대해서만 구매자가 관심을 보였다고 할지라도, 구매자에게 필요한 다른 성능들, 구매자의 목적을 충족시켜 줄 수 있는 특성을 정확하게 인식시켜 줌으로써 그 필요성을 부각시킬 수 있다. 특정 제품의 필요성을 알게 하는 것은 바로 상대방의 차선책을 제한하는 효과를 가져오고 이는 바로 자신의 협상력을 확대하는 결과로 이어진다. 또한 다른

판매자의 제품이 동일한 성능을 가지고 있다고 하더라도 그 제품이
구매자가 원하는 시점까지 제공될 수 없다는 정보나 사후관리 체계
에 있어서의 우월함을 보여 주는 것 또한 상대방의 협상 결렬 시의
대안을 축소하게 되고 이는 자신의 협상력의 강화로 연결된다. 자
신의 물리적 자원을 가지고 이러한 정보를 찾아내는 일이야 말로
성공적인 협상을 위한 기본적인 준비과정의 하나라고 할 수 있다.

제안을 먼저 해야 할 때와 기다려야 할 때를 구별하라

　무조건적으로 첫 번째 제안을 먼저 하는 것이 좋다 혹은 나쁘다라고 말하기는 어렵다. 각각이 다른 장단점을 가지고 있기 때문에 상황에 맞는 선택이 필요하다. 먼저 하는 경우의 장점은, 우선 첫 번째 제안이 바로 협상의 기준점이 될 수 있다는 점이다. 협상에 있어서의 기준점은 매우 중요한데, 어떤 기준점을 가지고 협상을 평가하느냐에 따라서 협상의 결과가 잠재적인 손실로 보여질 수도, 잠재적인 이익으로 평가할 수도 있기 때문이다. 예를 들어 매매 거래에서 첫 번째 제안을 1,000원으로 했는데, 궁극적으로 800원에 합의를 보았다고 치자. 만약 1,000원을 거래의 기준점으로 본다면 이 거래는 분명 구매자에게는 200원의 잠재적 이익을 보았다고 생각을 하게 할 수 있다. 이러한 심리적인 효과 때문에 일부에서는 첫 번째 제안은 가능한 한 높거나 낮게 하라고 잘못된 조언을 하기도 한다. 첫 번째 제안을 중심으로 협상의 기준이 형성될 가능성이 높기 때문에 협상을 주도해 나갈 수 있다는 장점을 갖고 있는 것은 분명하다.

하지만 만약 제품의 가치를 정확하게 파악하지 못한 상황에서 하게 되는 섣부른 제안은 오히려 스스로의 이익을 해칠 수 있다. 예를 들어 중고차의 경우 개인 운전자들은 그 가치를 정확하게 파악하지 못하는 경우가 많다. 자신의 정든 차라는 주관적인 가치를 붙여 지나치게 높게 책정하거나 혹은 반대로 일반적인 중고차의 가격 수준에 맞추어 실제보다 낮은 가격에 부르기가 쉽다. 정확하게 그 가치를 파악하지 못한 상황에서는 상대방의 예상보다도 가격을 낮게 부르는 경우가 종종 발생하게 된다. 정확한 정보를 가지고 있지 못한 경우에는 먼저 제안을 하는 것은 다시 한번 고려해 볼 필요가 있다. 상대방이 자신이 제안한 것을 선뜻 받아 들인 경험이 있다면 아마도 자신이 그 가치를 정확하게 파악하지 못한 경우였을 가능성이 높다. 또 한 가지의 단점은 먼저 제안을 함으로써 상대방에게 중요한 정보를 제공하게 될 수 있다. 만약 상대방이나 협상 대상에 대한 많은 정보를 가지지 못하고 있는 경우 먼저 받게 되는 제안을 중심으로 상대의 협상 전략이나 목표 등을 대략적으로 판단하게 되므로 제안을 통해서 상대방에게 유용한 정보를 제공하게 된 셈이다.

'우리 반반씩 손해 봅시다.'라는 말의 함정

　가격 협상을 할 때 먼저 제안을 함으로써 발생할 수 있는 또 하나의 단점은 바로 '우리 반반씩 손해 봅시다.'라는 말의 함정에 빠질 수 있다는 것이다. 우리는 일반적으로 동일한 양의 양보나 희생을 공평한 것으로 생각한다. 가격의 경우 두 사람이 각각 다른 가격을 원할 때, 그 중간 가격을 가장 공정한 것으로 생각하는 것이다. 판매자가 먼저 제안을 하면서 2,500만 원을 요구했다고 가정해 보자. 판매자는 궁극적으로 200만 원 정도의 양보를 하여 약 2,300만 원 정도의 거래를 원하고 있다. 하지만 구매자가 원하는 가격이 2,000만 원이라면, 구매자는 자신의 제안을 1,500만 원으로 함으로써 자신이 원하는 가격이 가장 공정하게 보이도록 거래를 유도해 갈 수 있다. 자신의 가격 제안을 1,500만 원으로 하고, 계속 '우리 반반씩 손해 봅시다' 라고 주장을 반복함으로써 마지 중간 가격인 2,000만 원이 가징 공징한 가격인 깃처럼 보이도록 싱황을 만들어 길 수 있는 것이다.

　그러므로 상황에 맞는 다른 접근 방법이 필요하다. 만약 협상 대상에 대한 정확한 가치를 파악하고 있고, 상대방에 대한 정보도 충분히 갖추었으며, 이에 따른 전반적인 협상 전략이 수립되어 있다면 굳이 상대방의 제안을 기다리기 보다는 주도적으로 먼저 제안을 하는 것이 바람직하다. 다소 높은 목표로 만들어진 기준으로 첫 번째 제안에서 협상 전체의 기대 수준을 반영할 수 있기 때문에 좀 더 유리한 입장에서 협상을 주도해 나갈 수 있다. 그렇지만 정확한 가치 판단이 어려운 상황이거나 그 가치 자체가 다분히 주관적일 경우 섣불리 먼저 제안을 하기 보다는 상대방의 제안을 받을 때까지 기다리는 것이 현명할 것이다. 먼저 상대방의 기대 수준을 파악하고 이에 대한 대응책을 준비하는 것이 잘못된 판단의 함정에 빠지지 않는 방법일 것이다.

먼저 제안을 하는 경우라도 추후에 양보할 것을 미리 대비하여 가능한 한 높게 혹은 낮게 해야 한다는 잘못된 생각을 갖고 있는 사람들이 있다. 그러나 지나치게 높은 가격으로 제안을 하는 경우, 상대방은 이 제안을 판단의 기준으로 보기 보다는 제안 자체를 비합리적인 것으로 무시하여 전혀 고려하지 않을 수도 있다. 또한 협상에 성의가 없는 것으로 판단하거나 어떤 술수를 쓰고 있다는 인상을 받을 수도 있다. 따라서 상대방에게 불필요한 나쁜 인상을 주지 않도록 객관적인 기준에 근거한 적정한 수준의 제안을 고려해야 한다. 물론 마지막의 의례적인 작은 양보라고 하더라도 상대로 하여금 좀 더 우호적인 대우를 받았다는 느낌을 주거나 성공적인 협상을 했다는 생각을 갖게 할 수 있으므로 협상 결과에 대한 만족감을 높이기 위해 약간의 양보를 위한 여유를 두고 제안을 하는 것은 생각해 볼 수 있을 것이다.

양보도 전략적으로 하라

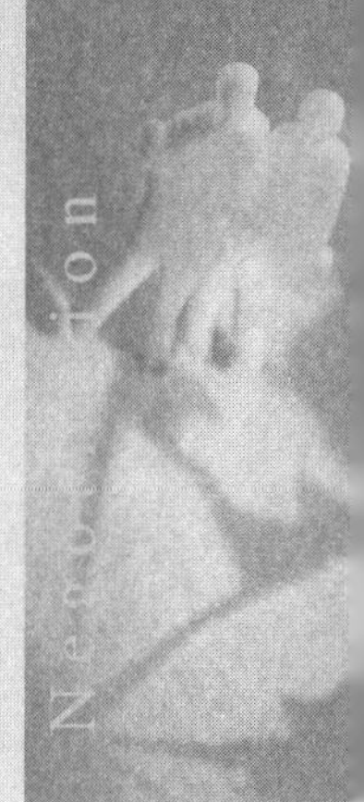

양보의 시기와 범위

앞에서 양보를 당연한 것으로 받아 들이는 것은 창의적인 협상에 장애가 된다고 설명하였다. 또한 무조건적 양보는 경쟁적 협상자에게 자신이 이길 수 있다는 확신을 갖게 할 수 있고, 결과적으로 이후에 너 많은 양보를 요구받게 된다. 물론, 절대로 양보를 해서는 안 된다는 말은 아니다. 협상을 하다 보면 양보를 해야 하는 상황은 얼마든지 존재할 수 있다. 하지만 양보를 당연한 것으로 생각하거나 상대방의 요구에 의한 일방적인 것이 되어서는 안 된다. 일단 양보를 시작하면 창의적인 문제해결의 가능성을 찾기 보다는 '어느 정도의 양보가 적당한지' 가 협상의 쟁점이 되어 버린다. 시야가 '양보의 폭' 으로 좁아지게 되는 것이다. 따라서 섣부른 양보의 시작은 오히려 협상의 장애가 되기 쉽다. 상대방에 대한 충분한 정보에 근거한 협상 목표가 확실하게 설정되었다고 판단되었을 때 그 전략적인 행위의 일부로서 양보가 고려되어야 한다.

양보는 두 가지 요소에 의해서 그 패턴이 결정된다고 할 수 있다. 첫째는 시간적인 요소이고, 둘째는 양보의 범위에 관한 요소이다. 시간적인 요소는 연속해서 양보를 해야 하는 경우 어느 정도의 간격을 두고 양보가 이루어지는가를 의미한다. 일반적으로 양보가 반복될 때 그 간격이 길어지면 길어질수록 상대방은 더 이상의 양보를 받아낼 수 없을 지도 모른다는 느낌을 갖게 된다. 계속되는 양보를 하더라도 그 시간적인 간격을 점점 멀게 하는 것이 상대로 하여금 더 이상의 요구를 어렵게 하는 효과를 얻을 수 있다. 또한 동일한 범위의 양보를 계속하는 것보다는 그 정도를 점점 작게 할수록 양보가 한계에 다다랐다는 생각을 갖게 할 수 있다. 가격 협상의 경우, 처음에 1,000원을 제시 하였다가, 다음엔 100원, 그 이후엔 10원의 할인을 제안 한다면 상대방은 더 이상의 가격 인하는 없다는 인상을 갖게 된다. 일반적으로 양보를 하더라도 그 정도를 점점 작게 하는 것이 유리하다.

항상 객관적이고 타당한 기준을 가지고 주장하고 대응하라

어떻게 하면 나의 입장을 가장 설득력 있게 전달할 수 있을까? 상대방의 주장이나 제안에 부당하다는 느낌을 주거나 관계를 악화시키지 않으면서도 가장 효과적으로 대응하는 방법에는 무엇이 있을까? 설령 자신이 큰 협상력을 가지고 있다고 해서, 자신의 주관적인 기준만을 가지고 주장한다면 상대방으로 하여금 부당한 대우를 받고 있다는 느낌을 들게 할 수 있다. 이러한 느낌은 부정적인 감정을 불러 일으키는 것은 물론이고, 앞에서 살펴본 대로 경쟁이나 감정의 악순환을 불러 일으킬 수 있다. 만약 협상력이 상대적으로 약한 경우라면 더욱 더 설득력을 인정 받기 어려울 것이다. 결국 협상력에 상관없이 가능한 한 객관적이고 타당한 기준을 가지고 협상을 진행해 가는 것이 중요하다.

또한 상대방이 어떤 주장을 펼 때 그것이 부당하다고 해서 이를 자신만의 기준으로 반박하거나 감정적으로 대응한다면 반박의 정당함은 서로의 감정적인 대립 속에 묻혀 버리기 쉽다. 합리적 근거도 없이 단순하게 우기는 식의 협상이 되어서는 안 된다. 어떤 객관적인 근거도 제시하지 못하면서 단지 '자신의 입장과는 다르다.' 라는 식의 대응은 상대방으로 하여금 부정적인 인식과 감정을 갖게 하고, 궁극적으로 협상은 어려워진다. 이처럼 어떠한 주장이나 대응도 구체적이고 객관적인 증거와 함께 제시되어야 한다.

시장 가격, 업계의 관행, 전례와 그 밖의 다양한 기준들

그럼 어떤 객관적 기준들을 협상에서 사용하는 것이 바람직할까? 가장 많이 사용되는 것이 시장 가격(Market value)이나 시장이나 업계의 관행(Industry practice)이다, 왜냐하면 시장 가격이야 말로 수요와 공급에 의해서 결정된 가장 공정한 가격이라고 인식되고, 업계의 관행은 이미 많은 사람들에게 객관적이고 타당한 것으로 받아들여지고 있는 것이기 때문이다. 다음으로는 전례(Precedent)를 들 수 있다. 이전에 받아 들여졌던 것은 쉽게 다음 번에도 받아 들여질 수 있다. 전례는 사전 조사를 통해 어렵지 않게 파악될 수 있기 때문에 협상에서 자주 사용된다. 인간은 일관성을 유지하는 사람을 '신뢰할 수 있는 사람'이라고 생각하는 경향을 가지고 있다. 따라서 전례야 말로 그 자체의 공정성뿐만 아니라 심리적으로도 긍정적인 영향을 줄 수 있는 좋은 기준이다. 이외에도 전문가의 의견(Expert opinion), 효율성(Efficiency), 비용 효용 분석(Cost benefit analysis), 정책(Policy), 상호 이익(Mutual benefit) 등을 기준으로 할 수 있다.

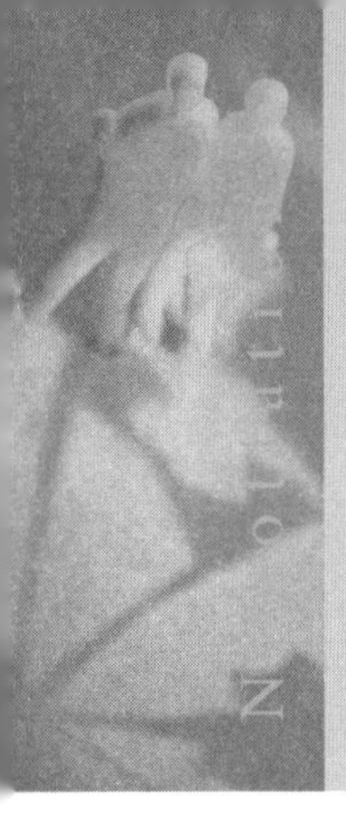

상대방의 객관적 기준에는
이렇게 대응하라

상대방이 위의 기준을 가지고 제안을 해온다고 가정해 보자. 하지만 제시된 기준들보다 다른 기준이 더 타당하다는 생각이 든다면 어떻게 대응할 수 있을까? 객관적 기준의 대표적인 예인 시장 가격을 생각해 보자. 상대방이 '시장 가격이기 때문에 당연히 받아 들여져야 하며, 이를 받아 들이지 않는 것은 부당한 것이다.' 라고 주장할 경우 어떻게 대응할 것인가? 가장 쉬운 접근 방법은 상대방이 주장하는 '시장' 과 '제품' 을 분리하는 것이다. 즉 제시된 시장 자체에 해당 제품이 포함되지 않음을 주장하는 것이다. 특정 성능이나 디자인이 다른 제품에서는 찾아볼 수 없는 독창적인 것이라면, 이 성능과 관련된 시장은 아직 형성되지 않았다고 주장할 수 있다. 만약 상대방이 전례임을 근거로 주장하면 어떻게 할까? 가장 쉬운 것은 '상황이 바뀌었음'을 주장하는 것이다. 전례가 발생했을 때의 상황과 현재의 상황을 구분지음으로써 전례의 타당성 자체를 부인할 수 있다. 이전 거래에 대한 기록이 존재한다면 이를 꼼꼼히 검토하여 현재의 상황과의 차이점을 찾아보아야 한다. 상황의 차이가 크면 클수록 전례는 쉽게 부인될 수 있다.

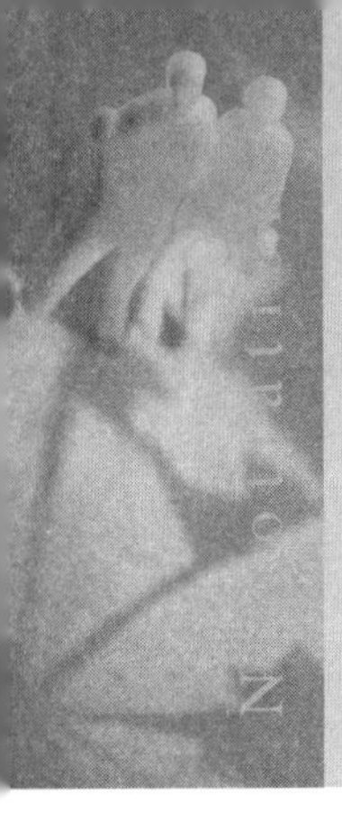

언제 협상 테이블을
박차고 일어날 것인가

실패한 협상들

합의가 이루어졌다고 해서 항상 협상에 성공한 것은 아니다. 앞의 '승자의 덫' 이 되는 상황에서 살펴 보았듯이 설령 자신의 입장이 관철되었다고 협상에 성공했다고 말할 수도 없다. 따라서 협상의 실패는 크게 두 방향으로 이해될 수 있다. 먼저 합의는 이루었지만 서로의 이익이 충족되지 못한 경우로 오히려 차선책이 더 매력적이어서 협상 테이블을 떠났어야 하는 경우를 생각해 볼 수 있으며, 또 하나는 서로의 이익을 충족시키는 다양한 대안들이 존재함에도 불구하고 합의에 이르지 못한 경우이다. 후자의 경우에 대해서는 다양한 각도에서 이미 검토해 보았고, 창의적인 협상 방법을 통해서 이러한 실패를 막을 수 있다는 것을 이미 설명하였다. 그럼 어떻게 해서 전자의 실패, 하지 않아야 하는 합의를 피할 수 있을까?

상대방의 최종 제안과 자신의 최선책을 비교

가장 기본적인 방법은 상대방의 최종 제안과 자신의 차선책을 비교해 보는 것이다. 이 방법의 어려움은 상대방의 제안이 실제로 마지막 제안인지 여부를 파악하는 것이 쉽지 않다는 것이다. 다른 제안을 제시할 가능성이 있음에도 불구하고 섣불리 '최종안'이라고 잘못 판단하여 협상장을 떠나는 경우가 종종 발생한다. 상대방은 좀처럼 진실을 이야기해 주지 않는다. 아예 처음부터 '더 이상의 양보는 없다. 싫으면 마라.'라는 식의 으름장을 놓거나 실제로는 협상에 성의도 없으면서 계속 '다시 검토해 보겠다.'라는 대답만을 되풀이한다. 따라서 상대방 제안이 마지막인지의 여부를 간접적으로 파악해 볼 수밖에 없다. 이것을 판단하기 위해서 먼저 상대방의 협상 시한을 검토해 보아야 한다. 상대방이 '최종안'이라고 제시한 것에 실제로 변화가 일어날 수 있는 물리적인 여유가 있는지를 판단해 보아야 한다. 협상 시한에 대한 직접적인 정보가 없다면 상대방의 양보의 패턴을 통해서 간접적으로 파악해 볼 수도 있다. 일반적으로 협상 시한의 막바지에 가까워졌을 때 마지막의 큰 양보를 하기도 한다. 또한 양보의 시간적 간격이나 그 정도 변화를 파악하여 최종안인지 여부를 판단해 볼 수도 있다. 앞서 설명한 대로 양보의 정도가 작아질수록, 양보의 시간적 간격이 멀어질수록 더 이상의 양보가 어렵다는 것을 예상할 수 있다. 기존의 전례를 그 기준으로 판단해 본다면 동일한 사안에 대한 협상 전례가 존재한다면 유사한 수준에서 협상이 타결될 것을 예상할 수 있다. 만약 자신의 차선책이 그 제안보다 낫다면 미련없이 협상 테이블을 박차고 일어설 수 있어야 한다.

상대방의 기존 협상 전술을 간파하라

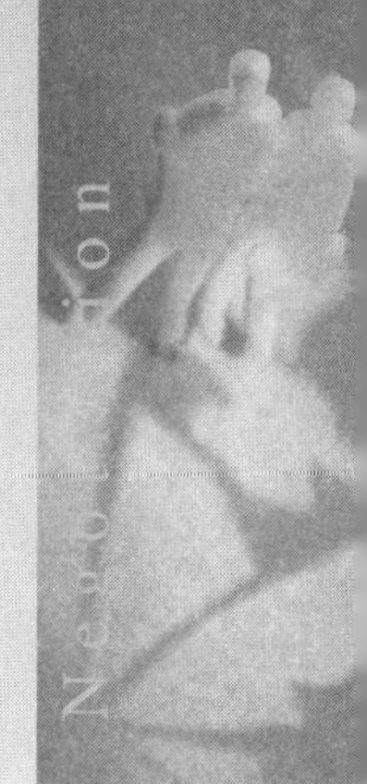

지금까지 알려져 있는 많은 협상 전술들이 있다. 이런 전략들은 대부분 대결의 협상, 싸움 협상이라는 전제 하에 만들어진 전술들이다. 서로의 이익을 고민하기보다는 경쟁과 대결을 바탕으로 하여 상대방을 이기는 것을 목적으로 한다. 어떤 사람들은 이런 전술들의 타당성에 대한 검토 없이 그것이 알고 있는 전부이기 때문에 어쩔 수 없이 사용한다. 다른 방법이 존재한다는 것을 알지 못하는 사람들이 있다. 일부는 그것들이 가장 효과적인 방법이라는 잘못된 믿음을 가지고 이를 사용하려 한다. 어떻게 이런 전술들을 사용하려는 상대방을 창조적인 문제해결의 협상으로 이끌어 갈 수 있을까? 이를 위해서는 먼저 기존의 협상 전술들을 이해하고 이에 대한 대응 방법을 미리 연구해 볼 필요가 있다. 흔히 협상 중에 발견할 수 있는 기존의 전술에는 다음과 같은 것들이 있다.

- 역할 설정을 통해서 한 사람은 우호적인 친구의 역할, 다른 사람은 악
  역을 하게 한다.

  협상을 할 때 자주 보게 되는 전술로서, 악역을 하는 사람은 철
  저하게 극단적 입장을 고수하게 하고, 다른 한 사람으로 하여금
  상대방의 입장을 옹호하는 역할을 하게 하여, 결국은 후자에게
  서 나온 제안을 다소 합리적이고 우호적인 것으로 보이게 하여,
  합의를 유도하는 전술이다.

- 시간과 장소를 자신에게 유리한 곳으로 설정한다.

  예를 들어 지방에서 협상을 하게 되는 경우, 오후 시간에 협상
  을 하게 되면 이동 시간이 긴 편이 아무래도 협상의 마무리를
  재촉하게 된다. 시간적인 여유가 없을수록 양보를 하기 쉽다.
  장소 또한 자신에게 익숙하고 편안하며, 필요한 사람이나 정보
  에 쉽게 접근할 수 있는 장소로 하는 것이 유리하다.

- 협상이 타결된 이후에 추가적인 양보를 요구 한다.

  협상이 타결된 시점에 어떤 요구를 하는 경우, 그 요구가 크지
  않다면 상대적으로 받아 들여질 가능성이 매우 높다.

- 제한된 권한만을 가지고 있음을 선언한다.

  연구에 의하면 제한된 권한만을 가지고 협상에 임하는 것이 예

상치 않은 양보를 막을 수 있어 최종적으로 좋은 결과를 얻는 경우가 많다. 또한 상대방의 많은 요구를 사전에 차단할 수 있다.

- **어떤 이슈에 대해 최종적인 입장임을 공개적으로 분명히 밝힌다.**

공개적으로 어떤 사안에 대해 최종적인 입장임을 밝히는 것은, 더 이상의 양보는 불가하다는 것을 명확히 하는 효과가 있다. 또한 입장을 바꾸는 것은 자기 스스로의 말을 뒤집는 것이 때문에 체면 때문에라도 하지 않을 것이라는 느낌을 줄 수 있다.

- **첫 번째 제안을 가능한 한 높거나 낮게 한다.**

첫 번째 제안을 지나치게 높거나 낮게 하는 경우, 설령 그 제안이 거부된다 하더라도 다음 번 제안을 합리적으로 보이게 할 수 있다. 또한 일방이 제안과 양보를 계속하는 경우 이를 반복해서 거절하는 것은 심리적으로도 어렵기 때문에 결국은 자신이 낳은 양보를 한 것처럼 보일 수 있고 이를 통해서 상대방의 양보를 유도해 낼 수 있다.

- **상대방에게서 첫 번째 양보를 얻어 낸다.**

연구에 의하면 상대방으로부터 먼저 양보를 받아 내는 것이 심리적으로도 유리하며, 먼저 양보를 하는 쪽이 협상에 지는 경우가 많다고 한다.

• **큰 요구는 협상 초기에 하라.**

보통 협상 초기와 끝날 무렵에 소위 말하는 밀월 관계(Honeymoon-periods)가 형성되는 경우가 많다. 초기에는 가능한 한 좋은 관계를 수립하기 위해서, 마지막에는 협상을 통해서 어렵게 만들어진 관계를 악화시키지 않기 위해서 다른 시기에 비해 협상 당사자들이 관계에 좀 더 많은 의미를 부여한다. 큰 양보는 협상 초기와 말기에 나타나는 경향이 있다.

앞서 설명한 대로 기존의 협상 전술에 의존하는 이유는 크게 두 가지이다. 첫째는 이런 전술이 협상의 승리에 효과적일 수 있다고 믿기 때문이며, 둘째는 그 외의 전술을 알지 못하기 때문이다. 협상의 전술을 무력화 시키는 가장 좋은 방법은 그 전술 자체를 이미 알고 있으며 이것이 효과적이지 않을 것임을 보여주는 것이다. 위의 전술들의 가장 큰 약점은 바로 상대방이 이 전술들을 인식하고 있으면 아무런 효과도 발휘되지 못한다는 것이다. 우리의 협상 상대자들은 수많은 협상에 대한 지식과 경험을 가지고 있다. 내가 알고 있는 협상의 전술을 상대방이 모르고 있을지도 모른다는 생각은 요즘과 같은 정보화시대에는 요행을 기대하는 것에 불과하다. 상대방이 기존의 협상 전술을 사용하고자 한다면, 상대방의 의도를 알고 있음을 명확하게 말하고 시도하려는 전술들이 전혀 효과가 없을 것임을 말할 필요가 있다. 경쟁이나 대결의 협상을 하려는 협상자들은 자신이 승리할 수 있다고 믿기 때문에 경쟁을 하고자 한다. 만약 이기는 것이 쉽지 않다는 것을 인식시켜 준다면 굳이 상대방 또한 대결을 하려고 할 이유가 없다. 동시에 경쟁이나 대결이 아닌 서로의 이익을 모두 충족시킬 수 있는 다른 방법이 존재한다는 것을 제시해 주어야 한다. 기존의 협상 전술들은 상대방의 무지, 약점, 대결을 그 바탕으로 하지만 창의적인 협상은 서로에 대한 신뢰, 강점, 상호 이익을 바탕으로 한다. 따라서 서로가 이 협상의 방법을 알면 알수록 더 큰 효과가 발휘되는 협상의 기술인 것이다.

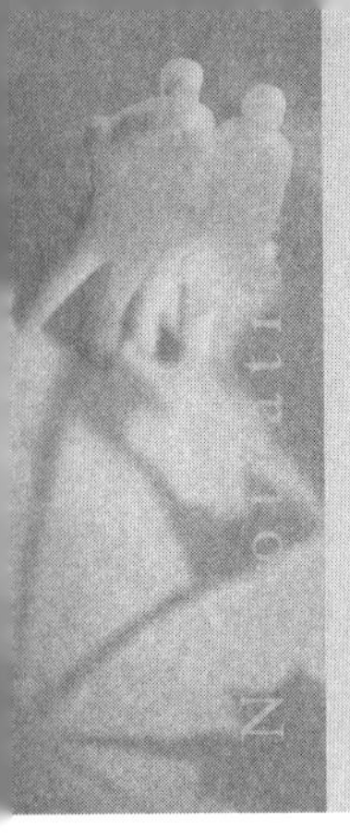

협상의 자신감은 준비로부터 나온다

협상의 준비는 의제를 결정하는 것으로 시작한다

협상의 준비는 감정적인 측면과 실질적인 측면 모두에서 중요한 의미를 갖는다. 먼저, 준비가 충실하게 잘 이루어지는 경우 갑작스런 상황이나 변화에 당황하거나 흔들리지 않고 의연하게 대처할 수 있다. 실질적인 결과의 측면에서 볼 때도 철저한 사전 준비는 협상을 통해서 얻을 수 있는 다양한 이익들과 복잡한 이해 관계를 사전에 파악하게 하여 협상 결과를 극대화할 수 있도록 도와주는 효과가 있다.

협상의 준비를 위해서 꼭 챙겨두어야 할 것들에는 무엇이 있을까? 무엇보다도 중요한 것이 '무엇을', '어떤 순서로' 협의할 것인가를 결정하는 협상 의제(Agenda)의 결정이다.

협상 의제 선정의 주도권을 잡아라

협상을 진행하다 보면, 여러 가지 사안들을 동시에 처리하는 것이 유리한 상황이 발생하기도 한다. 예를 들어 하나의 제품을 판매하기 위해 계약을 체결하는 경우에도 매매 계약 자체는 물론 매매 되는 물건의 사후 서비스를 위한 계약, 수리가 지연되는 경우 그 기간 동안 다른 제품을 무상으로 임대해 주어야 하는 때도 발생할 수 있는데 이 경우에 사용되는 임대 계약, 비밀 유지 계약 등 다양한 종류의 계약이 동시에 진행되는 경우가 있을 수 있다.

이럴 때 각각 계약의 특성에 따라서 이해 관계가 상반되기도 하는데, 매매 계약 자체에 있어서는 구매자의 요구가 반영될 가능성이 상대적으로 높지만 서비스 계약이나 무상 임대 계약의 경우에는 구매자의 편의를 위한 성격이 강하여 판매자의 목소리가 쉽게 반영되는 경향이 있나. 만약 구매사가 매매 계약에서 받아들이기 어려운 요구를 한다면 모든 계약들을 일괄 치리하는 방향으로 의제를 결정하여 자신에게 상대적으로 유리한 계약에서의 양보를 조건으로 상대방으로 하여금 요구를 철회하도록 요청할 수 있다.

하지만 구매자의 입장에서는 주 계약이 되는 매매 계약부터 차례로 하나 하나씩 처리해 나가는 것이 바람직할 수 있다. 왜냐하면 주 계약에서 자신의 요구를 관철시킬 수 있다면 이후 부속 계약에서 작은 양보가 불가피하다 할지라도 전체 거래에 미치는 영향은 미미하기 때문이다. 이렇듯 의제 설정이 협상의 전반적인 결과에도 큰 영향을 미칠 수 있다.

주의해야 할 것은 의제 선정의 주도권을 잡으라는 말이 자신의 주장을 강요하라는 것은 아니라는 점이다. 이는 주도적으로 협의를 통해서 만들어가야 한다는 점을 강조하는 것이다. 상대방에 대한 일방적인 강요는 항상 감정적인 대립을 가져오기 쉽다.

어떤 문제를 우선적으로 협의해야 할까

'어떤 순서'로 문제를 다루느냐는 협상의 분위기를 결정하는 경우가 많다. 입장의 차이가 뚜렷한 문제로부터 협상을 시작하는 경우, 그 분위기는 사뭇 무거워지기 쉽고, 협상을 통해 서로를 이해하기 보다는 점점 서로의 감정의 골만 깊어지는 경우를 종종 발견하게 된다. 사전에 서로간의 충분한 이해가 이루어져 있고 어느 정도의 신뢰 관계가 구축되어 있는 상태가 아니라면, 가능한 한 합의가 쉬운 문제로부터 협상을 시작하는 것이 바람직하다. 그리 중요하지 않는 사항이라고 하더라도 문제를 하나 하나 서로 합의해 나가는 과정을 통해서 긍정적이고 우호적인 분위기로 전환되는 탄력을 받을 가능성이 높아진다.

우리가 물건을 사기 위해서 가장 먼저 하는 질문은 무엇일까? 아마도 '얼마에요?' 라는 질문일 것이다. 실제로 협상을 진행하다가 보면 가장 먼저 듣거나 하게 되는 질문이 '얼마에 제공해줄 수 있는 가?' 하는 가격에 관한 것이다. 하지만 단순하게 가격에 대한 질문을 하기 보다는 '상대방이 원하는 것은 무엇인지?' '왜 필요한지?' '어떻게 하면 그 원하는 것을 충족시켜줄 수 있는지'를 질문하는 것으로 협상을 시작하는 것이 바람직할 것이다. 일반적으로 가격의 문제나 손해 배상의 문제들은 한쪽이 좀 더 얻으면 다른 한쪽이 그만큼을 잃게 되는 제로섬 게임(Zero-sum game)으로 인식되기 쉽다. 이런 문제들을 섣불리 협상 초기에 다루는 것은 서로의 이익에 대한 충분한 이해를 바탕으로 창의적 협상의 분위기를 만들기도 전에 첨예한 입장으로 대립으로 인한 감정 싸움으로 흐를 수 있다. 초기에 서로가 집중력을 발휘할 수 있기 때문에 중요한 문제로 시작해야 한다고 주장하는 협상가들이 있지만, 이는 서로간의 신뢰도나 이해의 정도를 고려한 후 그 우선 순위를 결정하는 것이 좋다.

협상을 통해서 얻을 수 있는
모든 이익의 우선 순위를 정하라

협상의 의제를 만들기 위해서는 먼저 자신이 협상을 통해 얻고자 하는 이익들을 철저하게 점검해 볼 필요가 있다. 협상을 하게 된 이유가 무엇인지, 그 문제를 해결하기 위해서 필요한 것들이 무엇인지를 철저하게 분석해 보아야 한다. 그 분석을 통해서 협상에서 협의되어야 할 것들의 우선 순위를 정하는 것이 필요하다.

창의적 협상을 위해서는 먼저 입장과 이익을 분리하는 것이 중요하다고 설명하였다. 상대방에 대한 고려에 앞서 자신의 이익에 대한 철저한 분석이 있어야 한다. 무엇이 자신의 진정한 이익이 되는지를 알아야 한다. 만약 전원 주택을 사기로 입장을 정했다고 치자. 전원 주택을 통해서 얻을 수 있는 다양한 이익들이 존재한다. 그 중에서 도심에서 떨어진 자연 속에서의 삶이 그 목적일 수도 있고, 건강의 회복을 위해 요양을 하기 위한 것일 수도 있다. 전원 주택을 통해서 얻을 수 있는 이 두 가지 이익을 충족시키기 위해서는 서로 다른 문제들이 우선적으로 고려되어야 한다. 자연 속의 삶을 위해서 전원 주택을 원하는 경우라면, 주변에 사람들이 모여들 수 있는 시설이 있거나, 장래 주변 지역의 개발 가능성의 여부 등을 우선적으로 고려하여 그런 지역은 피하는 것이 좋을 것이다. 상대적으로 근처에 쉽게 갈 수 있는 의료 시설이 있는 지의 여부는 크게 중요한 문제가 아닐 수 있다. 하지만 요양이나 건강을 위한 경우엔 혹시 모를 위급 상황을 고려하여 근처에 응급 처치가 가능한 병원은 있는지, 신속하게 이동할 수 있는 도로 여건은 갖추어져 있는 지가 우선적으로 고려되어야 할 것이다. 이와 같이 어떤 이익을 목적으로 하느냐에 따라서 고려해야 할 문제의 우선 순위가 달라질 수 있다. 만약 전원 주택을 투자를 목적으로 구입하려고 하는 경우엔 위의 상황과는 전혀 다른 문제들을 고민하게 될 것이다. 얻고자 하는 이익이 무엇인지에 따라서 고민해야 할 문제들 또한 현저하게 달라 질 수 있다.

자신과 상대방의 이해관계자들을 파악하라

협상을 통해서 다양한 이익이 충족될 수 있듯이 여러 이해관계자가 동시에 존재하기도 한다. 만약 집을 사는 경우라면 가족의 모든 구성원들이 이해관계자가 될 수 있다. 남편은 금전적인 문제와 가장 밀접한 관계가 있고, 아내는 아이들의 교육을 위한 환경에 이해관계를 가지고 있다. 기업간 협상의 경우엔 거래와 관련된 모든 부서들이 이해관계자가 될 수 있다. 예를 들어 A라는 제품을 1,000만 원의 가격으로 한 달 안에 납품을 해주기로 하고, 대금은 6개월에 걸쳐서 나누어 받기로 계약을 한 경우를 생각해 보자. 첫째, 제조를 담당하고 있는 책임자가 이해관계자가 된다. 현재 A 제품의 재고를 얼마나 가지고 있는지, 만약에 재고가 없다면 한 달안에 새로 제조하는 것은 가능한지의 여부가 확인되었어야 한다. 둘째, 회계 부서도 이해관계자가 된다. 현재 회사의 현금 유동성은 어떤지, 신용도를 고려해 일시불로 판매 대금을 받아야 하는 것은 아닌지, 혹시 구매자가 이전에 판매 대금을 제 때 지급하지 못한 적은 없는지의 여부가 확인되어야 할 것이다. 셋째, 계약과 관련된 법률적인 문제가 있는 것은 아닌지에 따라서 회사의 법무 담당자도 이해관계자가 될 수 있다. 협상을 하기에 앞서서 이와 같이 관련된 다양한 이해관계자들을 파악하고 이들의 이익이 각각 어떻게 다른지, 그리고 어떻게 충족시킬 수 있는지를 확인해 가는 것은 매우 중요하다.

내부 이해관계자들과 사전 합의를 이루어야 한다

집을 사러 온 부부가 부동산에서 의견 충돌을 보이는 경우를 종종 보곤 한다. 사전에 서로의 의견을 주의 깊게 생각해 보지 않았다가 결정을 해야 하는 순간이 되어서야 서로의 생각에 많은 차이가 있다는 것을 발견하고 티격태격하는 것이다. 이런 모습이 어떤 협상에서든 좋은 영향을 미칠 수 없음은 굳이 설명할 필요가 없을 것이다.

기업에서도 마찬가지다. 내부 이해관계자들간의 사전 협의가 이루어지지 않은 상태에서 협상이 진행되어 쉽게 해결될 수 있었던 작은 문제가 오히려 더욱 복잡하게 전개된 경우가 있었다.

'갑'이라는 통신기기 제조업체는 '을'이라는 장비업체로부터 자신의 공장에서 사용할 제조 장비 시스템을 공급받기로 계약을 하였다. '을'이 모든 장비의 설치를 마치고 정상적으로 작동되고 있음을 확인한 후 대금 지급을 요청하였고, 이에 '갑'은 사전에 합의된 대로 대금의 절반을 지급하였고, 절반은 1개월간의 시험 가동기간을 마친 후 지급할 것임을 확인하였다. 하지만 시험 가동 중에 일부 장비를 운용하는 소프트웨어 프로그램에 약간의 문제가 발견되었고 이에 '갑'은 '을'에게 즉각적인 수정과 동시에 이를 근본적으로 해결할 수 있는 새로운 프로그램을 만들어 줄 것을 요청하였다.

큰 문제가 아니라는 판단 하에 수리 담당자는 다른 관계자들과의 협의 없이 '갑'의 요청을 수락하고 필요한 문제 발생 부분에 대한 보완을 마치고는 별도의 조치를 취하지 않고 있다가 갑이 잔금 지급을 거부하고 나서야 회사의 다른 관계자들에게 알려지게 된 상황이었다. 일단 '갑'이 새로운 프로그램이 제공되지 않았다는 이유로 잔금지급을 거부하자 '을'의 여신 관리 부서와 회계 부서에서는 잔금의 지급을 공식적으로 요청하였다. 이에 '갑'은 프로그램이 제공될 때까지는 대금 지급을 힐 수 없다는 공식 입장을 표명하였고 이에 '을'은 법적인 대응까지도 고민하게 된 것이다.

실제로 을이 새로운 프로그램을 제공해야 할 의무가 있느냐 여부를 떠나서, 처음부터 '을'의 수리 담당자는 '갑'의 요청을 받아 들이기 이전에 새로운 프로그램을 만들어야 하는 담당 부서, 추가 비용에 대해 검토해야 할 회계 부서, 계약상의 의무 여부를 판단할 부서 등 내부 관계자들과 사전 협의를 통해서 진행했더라면 사후에 이런 문제를 가지고 서로 대립하는 상황까지 발전하지는 않았을 것이다. 먼저 새로운 프로그램에 대한 요청을 받은 후 이를 담당하는 부서에 알리고 근본적인 해결책이 기술적으로 가능한지의 여부, 만들게 된다면 얼마의 추가 비용이 발생하게 되는지의 여부를 파악해 보았어야 했다. 회계 관련 부서와도 협의를 통해서 추가 비용이 '갑'에게 판매를 하면서 기대했던 수익 수준을 지나치게 악화시키는 것은 아닌지, 만약 수익의 개선을 위해서 추가 비용이 청구되어야 한다면 어느 정도가 적당한지를 파악해 보았어야 했다. 법무 부서와도 실제로 '갑'의 요청이 법적으로 타당한 것인지, 기존의 장비 공급 계약 하에서 갑의 요청을 수용해야 하는 계약상의 의무가 존재하는 지의 여부를 미리 파악해 보았어야 했다. 또한 영업을 담당하는 부서와도 협의를 통해 계약상의 의무가 없다고 하더라도 향후 '갑'의 판매 전망 등을 고려하여 무상으로 제공하는 것이 앞으로의 거래에 도움이 될 수 있는지 혹시 다른 거래와 연계하여 대응할 필요성은 없는지의 여부를 판단해서 결정을 내렸어야 했다.

문제는 이해관계자들의 사전 협의 없이 요청을 수용했기 때문에 각각의 부서가 자신의 입장에서만 판단을 하고 행동을 취한 것이었다. 회계 부서에서는 계속 대금의 완납만을 독촉하고, 프로그램 담당자는 기술적인 어려움과 비용 때문에 난색을 표명하고, 법무 부서에서는 제공 의무가 없음을 선언하자 '갑'은 급기야 잔금의 지급을 거절하고 법적인 대응을 선언한 것이었다. 협상의 다양한 내부 이해관계자들을 파악하고 이들과의 협의를 통해서 사전 합의를 받아 놓는 것은 복잡한 이해관계가 얽혀 있는 협상일수록 중요한 준비과정의 하나가 된다.

앞의 제5장에 소개한 그룹 '우편 서비스(The Postal Service)'와 미국 우체국과의 협상에서도 내부 이해관계자들과의 협의가 협상의 중요한 역할을 차지하였다. 미국 우체국의 협상 담당자들은 협상에 나서기 전에 이 협상을 통해서 얻을 수 있는 이익들에 대해 마케팅 팀과의 협의를 통해서 검토하였다. 왜 젊은 층들이 우체국 서비스를 외면하고 있는지, 그들의 우체국 서비스에 대한 불만은 무엇인지를 검토하였고 결국 '우편 서비스' 그룹의 앨범을 통한 판촉 활동이 궁극적으로 자신들에게도 이익이 된다는 결론에 도달할 수 있었던 것이다. 만약 사전에 마케팅 팀과의 협의 없이 법률적인 측면에서만 협상에 임했더라면 서로의 이익이 될 수 있는 좋은 기회를 놓쳤을 지도 모른다. 이해 관계자들과의 사전 협의는 협상의 다양한 이익과 여러 대인들을 찾아가는데도 도움을 줄 수 있는 중요한 준비과정임을 알 수 있다.

마지막으로 협상의 준비를 위해 체크리스트(Checklist)를 만들어 사용해 보자. 협상의 종류나 협상의 규모에 따라서 사전에 준비하고 파악해야 할 요소들은 달라 질 수 있다. 하지만 기본적으로 다음의 협상 준비 체크리스트는 성공적인 협상의 진행을 위해서 반드시 필요한 중요한 정보들을 구성하고 있다.

☐ 상대방이 명목상 표면적으로 요구하는 것과 실질적으로 원하고 있는 것을 구분하여 파악하였는가?

☐ 상대방의 상황에 대한 파악은 이루어져있는가?

1. 상대방의 이해관계자들은 누구인가?
2. 기존의 협상 스타일(경쟁적 혹은 양보형)에 대한 정보는 있는가?
3. 현재의 재정 상태는 어떠한가?
4. 의사 결정에 영향을 미치는 중요한 압력이나 위험 요소들은 존재하는가?
5. 어느 정도 협상 시한에 민감한가?

☐ 협상 당사자 개인에 대한 정보 수집은 이루어졌는가?

1. 협상 당사자의 지위나 조직 내에서의 위치는 무엇인가?
2. 업적 혹은 결과의 평가 방법은? 상대방은 어떻게 협상 결과를 평가 받는가?
3. 전형적으로 사용하는 전술(최초 입장의 설정이나 양보의 패턴 포함)은 무엇인가?
4. 관계 등 영향을 미칠 수 있는 개인적인 요소들은 존재하는가?

□ 경쟁자 · 차선책에 대한 정보 수집은 이루어 졌는가?

1. 주요 경쟁자 · 차선책에 대한 기본적 정보 수집
2. 강점 · 약점에 대한 분석

□ 경쟁에 대한 대응전략은 수립되어 있는가?

□ 자신에 대한 파악은 철저하게 이루어져 있는가?

1. 협상의 목표 설정
2. 최소한의 요구 사항에 대한 파악
3. 다양한 차선책의 고려
4. 약점을 파악하고 대응방법을 모색
5. 강점을 파악하고 효과적 이용방법을 모색
6. 상대방의 예상되는 전술에의 대응방법
7. 내부 이해관계자들의 파악
8. 진행 계획 수립(장수, 진행 방법 등)
9. 먼저 제안을 할 지의 여부를 결정
10. 양보 전략 수립
11. 언제 협상 테이블을 떠날 것인가 파악
12. 사용 가능한 자원들에 대한 조사

* **SBC**(Self, Best alternative, Counterpart) List : 자신, 최선의 차선책, 상대
  방에 대한 정보

○ 협상의 역학 구도를 정확하게 분석하려면 먼저 협상력을 이해해야
  한다.

○ 진정한 협상력은 협상 당사자들의 물리적, 경제적인 자원이나 지위
  를 의미하는 것이 아니다. 협상력은 최선의 차선책과 협상 시한을
  통해 파악될 수 있다. 자신의 차선책이 좋을수록, 협상 시한이 많이
  남아 있을수록 협상력은 커진다.

○ 협상력은 계속해서 변화한다.

○ 사용 가능한 자원과 정보들을 이용하여 협상력을 키워라.

○ 협상력은 상대적이다. 상대방의 협상력을 제한하면 자신의 협상력
  이 커진다.

○ 먼저 제안을 할 때와 상대방의 제안을 기다려야 할 때를 구별해야
  한다.

○ 양보를 하더라도 전략적으로 하라. 전략적 양보는 양보의 시기와
  정도의 조절을 통해서 이루어진다.

○ 항상 객관적이고 타당한 기준을 가지고 주장하라.

○ 협상 테이블을 떠나야 할 시점을 명확하게 알고 있어야 한다. 상대
  방의 최종 제안과 자신의 최선책을 비교해 보라.

○ 다양한 기존의 협상 전술에 효과적으로 대응하면서 상대방을 창의
  적 협상으로 이끌어라.

한국인과 국제 협상

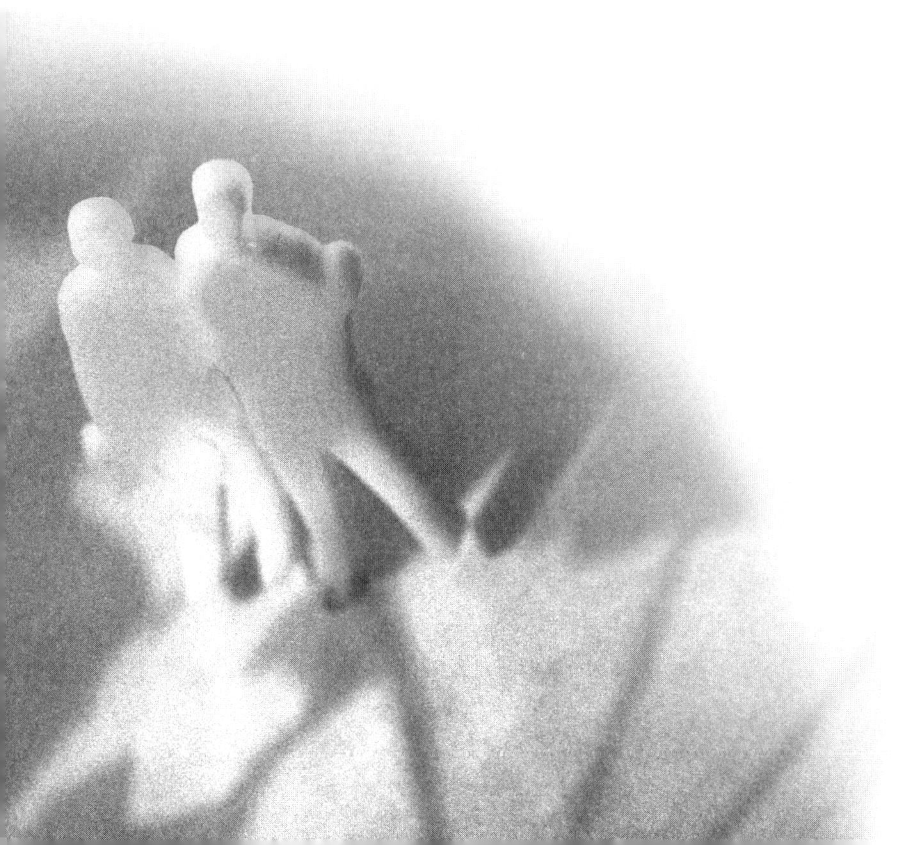

보이지 않는 차이(Diefference)에 바로 성공적인 협상의 열쇠가 있다.

한국인과 국제 협상

협상의 방식도 행동 양식의 일부이고, 그 행동의 특징은 아무래도 사회 문화라고 하는 큰 틀에서 벗어나지 못하는 면이 있다. 한 문화가 갖는 독특한 행동이나 사고의 방식은 협상을 통해서도 드러나기 마련이다. 물론 개인적인 교육, 성격, 가치관의 차이가 때로는 문화 전반에 걸쳐 나타나는 전형적인 모습보다 오히려 크게 영향을 미치는 경우도 많기 때문에 한 문화가 하나의 행동 양식만을 가지고 있다고 생각하는 것은 위험하다. 하지만 협상 당사자들이 가지고 있는 사회 문화적인 배경과 그 특징에 대한 기본적인 이해를 갖는 것은 특히 국제 협상에 있어서는 매우 중요하다.

성공적인 협상을 위한 기본 요소들은 국제 협상이든 국내에서 이뤄지는 협상이든 가족간 혹은 재래 시장에서의 흥정이든 동일하다. 지금까지 살펴본 대로 협상에 대한 바른 이해가 필요하며, 감정적인 요소들, 사고 과정에 나타나는 오류들에 대한 이해와 대응, 창의적인 문제해결 능력, 적절한 대화의 기술 등이 필요하다. 그러나 협상 당사자의 문화적 배경에 따라서 이 요소들의 중요성은 상대적으로 다른 무게를 갖기 쉽고, 이런 미묘한 차이들에 적절하게 대응하지 못한다면 예상하지 못했던 결과를 초래할 수도 있다. 예를 들어 협상에 있어서의 기본적인 인간관계의 중요성은 어떤 문화에서든 동일하지만, 동양권에서는 협상을 통해서 만들어진 인간관계를 다소 지속적인 것으로 판단하며, 실제 협상이 시작되기 전이더라도 기본적인 관계 수립을 목적으로 하는 대화나 활동을 위해 어느 정도의 시간을 할애하지만 서양권, 특히 미국의 경우에는 지체 없이 본 안에 대한 토의나 협상을 시작하고자 한다.

따라서 지나치게 관계에 치중하여 협상의 시작을 지연하는 경우, 상대방은 협상 자체에 대해 성의가 없다거나 다른 목적을 위해 협상을 지연하는 것으로 오해를 할 수 있으며, 동양권의 협상 당사자는 상대방의 즉각적인 태도에 당황해 하거나 지나치게 사무적인 것으로 오해를 할 수도 있다. 결론적으로 배경이 되는 문화에 대한 기본적인 검토는 상대방에 대한 이해를 돕고 협상에 있어서 발생할 수 있는 많은 오해들을 사전에 예방하는 데 도움이 된다.

협상 중에 보이는 한국인의 모습들

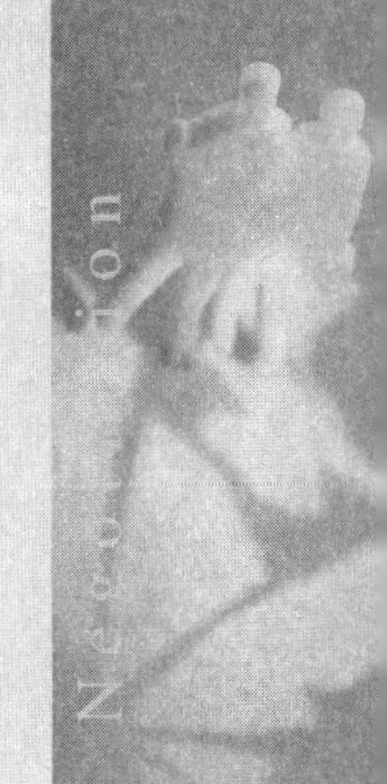

한국인들의 협상을 통해 나타나는 공통적인 심리적 특성으로는 다음과 같은 것들이 있다.

'우리끼리 왜 이렇게 따지고 그래?'
(관계 중심의 협상 태도)

한국인들의 일반적인 경향은 무엇보다도 감정적이다. 논리적이고 합리적인 사고 보다는 감정을 좀 더 진실되고 순수한 것으로 받아들인다. 논리적인 설득보다는 감정의 공유를 통한 이해를 더 순수한 것으로 생각한다. 따라서 문제가 발생했을 때 객관적인 설명보다 '죄송합니다' 라는 말 한 마디가 더 큰 설득력을 갖게 된다. 감정을 드러내는 것을 굳이 부끄럽거나 잘못된 일로 생각하지 않는다. 감정의 전달을 통해서 상대방의 공감 또는 이해를 얻어 내고자 한다. 무엇보다도 감정의 공유를 중요하게 여기는 것이다.

상대방의 감정을 읽고 이를 공유할 수 있어야만 진정한 '우리' 라는 집단에 속할 수 있다고 생각한다. 이러한 감정의 공유를 통한 '우리' 가 되면 모든 일이 '우리' 라는 이유 하나로 가능하게 된다고 믿는다. 감정을 좀처럼 드러내지 않는 사람은 '냉정하다' 라고 생각하여 부정적으로 보는 반면, 감정적인 사람들은 '인간적이다', '정이 많다' 라고 표현하며 긍정적으로 보려는 경향이 있다. 예를 들어 대화 과정에서 '화' 를 내는 것은 보통 상대방에 대한 비난이나 부정이 아니다. 자신의 불쾌한 감정이 공유되기를 바라는 표현인 경우가 많다. 굳이 적극적으로 화를 내는 이유나 그 해결책을 고민하지 않고도 그냥 화를 내도록 내버려 두거나, 그 화를 들어주는 것만으로도 화가 풀리는 경우가 많다. 오히려 '화' 의 원인을 따지려 들면 들수록 그 감정은 더욱 극대화되기 쉽다. 왜냐하면 자신의 감정이 상대방에게 전달되고 있지 않다고 믿기 때문이다.

어떤 방식으로 감정이 공유되고 있는 것일까? 어떻게 감정의 공유를 통해 '우리' 라는 소속감을 상대방에게도 느끼게 하는 것일까? 한국인은 '정이 간다' 라는 말을 많이 한다. 정이 가는 사람은 똑똑하고 이지적인 사람들이 아니라 좀 바보스럽게 자신의 말을 가

만히 들어주는 사람들을 말한다. 이렇게 편안한 사람들을 만나면 왠지 정이 간다고 느낀다. 이렇듯 한국인의 감정은 들어주는 것만으로도, 그냥 그 감정이 흘러가게 하는 것만으로도 공유될 수 있다. 또 일 이외의 대화나 활동을 많이 하기도 한다. 보통 어려움을 같이 하거나, 같은 입장에 처해 있다고 생각할 때 사람들은 동질감 또는 유대감을 느낀다. 그래서 같이 술을 진탕 먹고 취해서 밤을 지새우고 나면 갑작스레 아주 가까운 친구가 된 것처럼 느낀다. 서로의 비밀을 공유하면 더욱 친밀함을 느낀다. 이러한 친밀감은 긍정적인 감정을 갖게 하는데, 이러한 '우리' 안에서는 자신의 이익은 항상 어느 정도 보장받을 수 있다는 안도감과 편안함을 느끼게 하며 서로에 대한 신뢰감은 강해진다.

하지만 부정적인 측면도 결코 간과할 수 없다. 감정의 공유를 통한 '우리'가 되면 그때부터는 서로의 이익은 분리되지 않고 공유된다고 생각하며, 대화의 통로도 비공식적인 방향으로 발전하기 시작한다. '우리'가 형성되면 개인의 이익은 우리의 이익에 귀속되며, 개인의 가치나 의미보다는 '우리'라는 집단을 통해서 부여되고 상호 의존성과 유대감에 더욱 큰 심리적인 의무감을 느끼게 된다. 결국에는 '우리'라는 집단에 속한 상대방의 요구는 좀처럼 거절하기 어렵게 된다. 합리적인 판단보다는 감정적인 요구가 우선하게 되고, 이에 대한 객관적인 분석은 오히려 '우리끼리 왜 이래?' 라고 하는 부정적인 반응을 불러 일으키게 된다.

협상에 있어서도 논리적이고 합리적으로 행동하기보다는 감정적이며, 이러한 감정의 교환을 통해 '우리' 라는 관계를 만드는 것을 최우선의 목표로 삼는다. 하지만 '우리'가 될 수 없는 상황에서도 익숙한 '우리' 라는 개념을 믿고 이에 의지하려는 경향을 보게 된다. 예전의 농경 사회와는 달리 감성적이고 심리적인 '우리'의 상호 의존성은 이제는 현실적으로 적용되기 어려운 점이 많다. 직장이든 사업관계이든 지금의 우호적인 관계가 언제 적대적이고 경쟁적인 관계로 전환될지 모른다. 현대의 이해 관계는 빠르게 변화되며, '우리' 라는 관계도 빠르게 해체와 재구성을 반복한다. 그러므로 '우리' 라는 관계에 지나치게 집착하거나 의존하기에는 분명 무리가 있다.

그렇다면 한국인들은 어떻게 이러한 특성을 극복하고 보다 더 긍정적으로 이용할 수 있을까?

먼저 상대방의 감정적 반응에 대해 제2장과 제5장에서 설명한 '감성 지능'과 '적극적으로 듣기'의 방법으로 상대방과의 공감을 보여주는 것이 필요하다. 또한 '우리' 라는 동질성의 가치를 '무조건적 봐주기' 식의 관계에서 열정적이고 창의적으로 서로의 이익을 고민하는 성공 파트너적인 관계에 둔다면 '우리' 라는 패쇄성을 얼마든지 긍정적으로 전환할 수 있을 것이다. 단지 '우리이기 때문에' 라는 비판적 사고에서 벗어나 관계의 의미를 객관적이고 합리적인 기준에서 찾고, 서로 도움을 줄 수 있다는 긍정적인 믿음과 상호 신뢰를 바탕으로 모두에게 이익이 되는 다양한 방법을 찾아가는 합리적이면서도 열정적인 '우리'가 되어야 한다.

'내가 누군데 감히!' (경쟁적 협상 태도)

자신의 우월함을 나타내려 하는 것은 다른 사람으로부터 인정받고자 하는 사회적인 욕구의 하나이다. 그러나 우월함의 과시는 때로는 자신의 열등감의 표현이며, 이를 은폐하고자 하는 위장된 모습인 경우가 많다. 또한 열등감이 많을수록 체면에 민감한 경우가 많다. 상대방이 자신을 인정해 주지 않을지도 모른다는 불안감은 항상 지나치게 우월 의식을 보이게 하거나 형식적인 체면을 고집하게 한다. 체면은 특히 한국인과 같이 타인의 의식을 중요시하는 권위주의적 사회에서 더욱 중요하게 인식된다.

체면을 내세우는 사람은 오히려 스스로가 체면의 희생자가 되기 쉽다. 그들은 형식적인 체면을 살려주면서 자신의 원하는 실질적인 것을 얻으려는 사람들의 공격 대상이 된다. 체면이 결국 자신의 합리적인 판단을 가로막는 장애물이 되는 것이다.

체면의 한 이유인 열등감은 자칫 잘못하면 경쟁이나 대결로 치닫기 쉽다. 열등감은 지면 안 된다는 불안감과 함께 협상을 의지의 대결로 몰고 갈 수 있다. 입장을 바꾸는 것은 지는 것이라고 판단하게 할 수 있다.

한국인들의 협상에서 '내가 갑이니까', '내가 을이니까' 하는 말을 자주 듣는다. 이 의례적이고 형식적인 말은 아무런 근거 없는 갑의 요구나 무조건적 을의 희생을 정당화하는 데도 자주 사용된다. 하지만 지나치게 갑과 을의 차이를 두는 것은 상대를 오히려 체면에 민감하게 만든다. 가장 뛰어난 부하 직원은 상사의 체면을 살려주는 사람이라고 한다. 체면을 세우기 위해서 상사는 더 권위적이된다. 더 많은 요구를 하게 된다. 상대방의 체면을 살려 주겠다고 하는 의례적인 배려가 오히려 상대방으로부터 많은 요구로 되돌아오는 것이다. 진정한 권위와 리더십은 형식적인 체면 살리기를 필요로 하지 않는다.

또 한가지의 문제점은 오해가 발생하기 쉽다는 것이다. 체면, 의례성, 상대방에 대한 배려를 목적으로 하는 경우, 그 말 자체의 거짓 여부는 중요하지 않다. 상대방의 말을 이해하지 못해도 다시 되묻지 않는다. 다시 묻는 자체가 상대방의 말을 중요하게 여기지 않았다던가 상대방을 무시하거나 따지는 것으로 생각한다. 대화에 있어서도 그 의미가 항상 간접적이고 때로는 반대의 의미를 갖기도 한다. 결국 오해가 쉽다는 것이다.

어떻게 오해하지 않도록 이러한 심리를 자극하지 않으면서도 슬기롭게 대처해 나갈 수 있을까?

먼저 열등감과 관련된 체면이 문제가 된다면 항상 객관적인 기준을 함께 제시해 줄 필요가 있다. 객관적인 기준에 의해서 다른 사람도 동일하게 취급되고 있다는 것을 알게 하면 상대방은 자신만이 나쁜 대우를 받고 있는 것이 아니라는 심리적인 안정감을 얻을 수 있다. 열등 콤플렉스를 자극시키지 않는 것이다. 우리의 부모님들이 해외 여행을 다녀와서 즐거운 이유는 여행 자체가 주는 즐거움 때문이 아니라, 남들과 마찬가지로 자신의 자식들도 여행을 보내 주었다는 일종의 안도감 때문이라고 한다. 자신과 자식들이 남보다 못나지 않았다는 안도감 때문이다.

또한 '체면 차리기'를 긍정적으로 활용할 수 있다. 체면에 신경 쓰는 사람들은 어떤 우월한 지위를 원하는 경우가 많다. 이럴 때 갑과 을의 무의미한 지위가 아닌 실질적으로 문제해결의 기회를 상대방에게 부여해 보는 것도 좋다. 자신이 원하는 바를 결론적으로 말하기 보다는 자신의 처지라면 어떻게 하는 것이 현명한 것인지 상대방에게 조언을 구해 보라. 직접적으로 요구하는 것보다도 더 많은 것들을 얻을 수 있다. 많은 것을 얻이 내면서도 자신이 빼앗긴 것이 아니라 주었다는, 자신이 문제를 해결하였다는 우월감을 갖게 할 수 있다. 따라서 상황에 따라서는 조언을 구하는 것이 가장 좋은 협상 방법이 되기도 한다.

'부탁까지 하는데 거절하기가 어려워서'
(양보형의 협상 태도)

심리학자인 알프레드 아들러(Alfred Adler)에 의하면 우리 행동의 원천이 되는 욕구들의 근간에는 열등감이 존재하고 이를 극복하고 완벽함을 추구하려고 하는 것을 삶의 모습으로 보고 있다. 이러한 열등 의식은 긍정적인 보상을 통해서 더 큰 발전을 가져올 수도 있지만, 이에 대한 잘못된 대응은 열등 콤플렉스로 발전하게 된다. 이는 스스로의 열등감을 극복하려는 노력을 포기하고, 현실적인 어려움을 마주하기 보다는 회피하기를 선호하며 어떤 보상을 현실이 아닌 자신의 환상의 세계에서 찾으려 하는 방어적 자세를 취하게 되는 것을 말한다.

우리가 주변에서 흔히 발견하는 착한 사람 콤플렉스도 그 한 형태라 할 수 있다. '착하다' 는 것의 개념은 사람마다 다르고 상황에 따라 다를 수 있다. 하지만 '착한 행위' 의 특성에는 공통적으로 발견되는 점이 있는데 이는 다른 사람의 요구를 거절하지 못하는 것이다. 그리고 자신을 주변 상황, 주변 사람들과 구별하지 않고 하나로 동화시켜 가는 특성을 보인다. 이런 측면에서 판단해 보면, 착한 사람 콤플렉스를 가진 사람들은 일반적으로 불안이나 갈등을 회피하고자 하며, 안정적이고 보편성을 추구한다고 할 수 있다. 앞의 '우리' 의 개념에서도 볼 수 있었듯이 자신의 개인적인 가치를 찾기 보다는 집단의 가치에 자신을 의지하여 보편성과 안정성을 얻으려 하는 것이다. 어찌 보면 이는 지극히 당연해 보인다. 안정되고 평화로움을 추구하는 것은 인간 본성의 하나라고 할 수 있을 것이다.

그러면 왜 이 콤플렉스는 문제가 되는 것일까? 무엇보다도 문제의 해결이 어렵다는 것에 있다. 갈등의 회피는 결코 갈등이 존재하지 않는 것을 의미하지 않는다. 문제의 해결을 의미하는 것은 더더욱 아니다. 하지만 이 콤플렉스에 빠진 사람들은 '회피하는 것' 과 '없는 것' 을 본질적으로 구별하지 않는다. 당장 눈에 보이지 않기 때문에 존재하지 않는 것으로 인식해 버린다. 존재하지 않는 것으로 스스로 인식해 버리고, 믿어 버리기 때문에 문제의 해결은 더더욱 어렵다. 사실 이러한 사람으로부터 적극적이고 능동적인 문제해결을 기대하기 어렵다. 수동적이고 방어적이며 지시를 받기 전까지는 결코 먼저 능동적으로 움직이지 않는다.

회피만으로는 지금과 같은 무한경쟁 시대를 살아갈 수 없다. 도전을 두려워하는 사람, 문제해결을 두려워하는 사람, 갈등을 회피하려는 사람들 중에는 소위 '착한' 사람들이 많다. 그러나 우리에게 필요한 것은 문제의 해결이다. 서로 머리를 맞대고 문제를 해결하려는 능동적이고 적극적인 자세, 실패나 갈등, 좌절을 두려워하지 않고 부딪치며 앞으로 나아가는 사람이 필요하다.

'아니오(No)' 라고 말하는 거절이야말로 문제해결의 시작이 될 수 있다는 것을 이해해야 한다. 거절하지 않으면 상대방을 화나지 않

게 하고 서로의 갈등을 피할 수는 있지만, 결코 이것만으로 서로의
이익은 충족될 수 없다. 무조건적인 수용은 바로 창의적이고 적극
적인 문제해결을 어렵게 하고 서로에게도 도움이 되지 못한다는 것
을 인식하여야 한다. 무조건 문제와 갈등을 회피하려고 하지 말고,
객관적으로 분석하고, 어떻게 생산적이고 창의적인 방법으로 해결
해 나갈지를 서로 고민해야 한다.

경쟁의 시대에는 착한 사람들만으로는 발전을 기대하기 어렵다.
또한 집단이 개인의 이익을 대변해 주지도 않는다. 따라서 집단의
가치에 자신의 모든 것을 의지하려는 자세 또한 바람직하지 않다.
눈 앞의 갈등을 두려워하기보다는 궁극적인 문제해결에 초점을 두
고 적극적으로 도전하는 자세가 필요하다.

한국인들의 대화나 협상 방식에 대해 정리해 보면 적극적으로 자
신의 주장을 펴는 것을 상대방의 권위에 대한 도전이나 공격으로
인식하여 수동적인 저항, 즉 단순한 불평이나 적극적으로 응하지
않기를 통해서 상대방이 자신의 마음을 알아 주기를 바란다. 표면
적으로 갈등이 드러나는 것을 원치 않으며, 이런 갈등의 적극적인
해결방안을 찾기 보다는 이른바 '우리' 라는 관계를 통해 상대가 알
아서 처리해 줄 것이라는 기대를 갖는다.

또한, '우리' 라는 집단은 감정적인 부분이 공유된 공동체이므로,
객관적으로 어떤 문제를 분석, 그 원인을 찾아 해결해가기보다는

그 집단에 속했다는 소속감에 더 큰 기대를 건다. '우리'라는 집단에 속함으로써 강자는 약자들의 이익을 적당하게 챙겨주며, 약자는 주어진 것에 만족하는 형태의 집단적 이해관계가 발생한다. 이런 관계 속에서 객관적인 문제 분석이나 해결 방안의 모색은 강자에 대한 권위의 도전이나 공격으로 판단하여 지극히 감정적인 반응을 보이기도 한다. 이런 문화 속에서는 협상을 집단이 갖고 있는 '폐쇄성'을 합리적인 것으로 가장하기 위한 하나의 형식적인 과정이라고 생각하기 쉬우며, 협상이라는 공식적인 자리 보다는 은밀히 진행되는 비공식적인, 밀실의 대화를 통해서 문제를 해결하려는 경향이 나타난다.

하지만 상대방에게 자신의 마음이 전해질 것이라는 믿음을 갖기에는 우리의 현대 사회는 이미 복잡한 이해 관계 속에 휩싸여 있다. 하나의 이해 관계만이 존재하던 동질성의 사회가 아닌 것이다. 사회는 다양한 사람들과 복잡한 이해 관계 속에서 변화해 가고 있다. 더 이상 기존의 단일 문화에 근기한 대화나 협상 방식에 의존해서는 안 된다. 협상에 대한 새로운 패러다임이 필요하다.

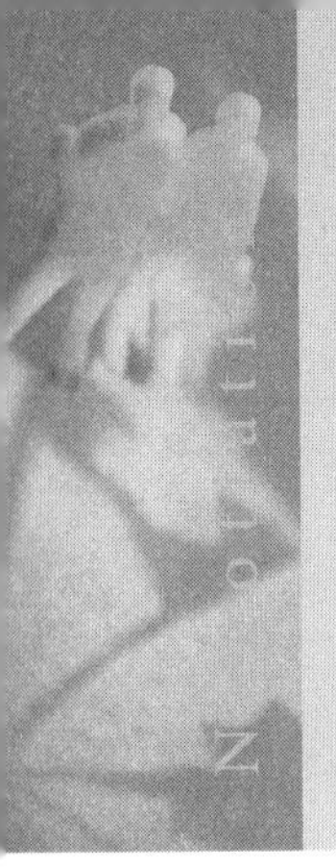

창의적 협상은 국제 협상에도 적용된다

한국인들의 보상받지 못하는 양보형 협상

앞의 제2장에 설명한 경쟁적 협상과 양보형 협상은 동, 서양의 대표적인 유형이라고 볼 수도 있는데 서양인은 상대적으로 경쟁적 협상 방식을 채택하는 경우가 많다. 만약 거래 자체가 일회성이고 장래의 인간관계에 대한 고려가 필요 없는 경우엔 더더욱 그러하다. 하지만 한국을 포함한 동양의 경우엔 아직도 상대적으로 상호 의존적인 협력 관계를 전제로 한 양보형의 협상을 자주 보게 된다. 문제는 경쟁을 하려는 협상가와 양보를 전제로 한 협상 당사자간의 협상에서는 결과적으로 경쟁적인 협상가가 승리하기 쉽다는 것이다. 그때문에 우리는 '협상 능력의 부재' 라는 문제 제기를 자주 접하게 된다.

서양권 경쟁자들의 승자 없는 승리

과연 그럼 경쟁의 협상가가 성공했다고 단언할 수 있을까? 그렇지 않다. 상대방의 이익을 고려하지 않고 일방적으로 몰아가서 많은 양보를 받아냈다고 할지라도 협상은 여기에서 끝난 것이 아니다. 아직도 두 가지의 과정이 남아 있다, 하나는 그 양보의 실행이고 또 하나는 바로 서로간의 지속적인 관계 자체이다. 원치 않는 양보가 적시에 의미 있게 실행될 수 있을지는 여전히 미지수이다. 이를 다양한 이유를 들어 지연시키거나 그 실행 자체를 거부할 가능성도 있다. 또한 원치 않는 양보는 불신을 낳기 쉽고, 그것은 향후에 보복의 가능성을 열어 놓는 불안한 관계의 시작이며, 감정적인 저항의 불씨를 살려 놓는 것이다.

따라서 그 누구도 협상에 승리하였다고 말할 수 없다. 실패한 협상일 뿐이다. 이런 상황에서 양보형 협상자 일방만을 협상의 실패자로 비난해서는 안 된다. 왜냐하면 이는 결과적으로 경쟁적 협상 방식을 더 우월한 것으로 인정하고, 옹호하게 될 수 있기 때문이다. 국제 협상에서도 경쟁적 협상이나 양보형의 전형적인 협상의 틀에서 벗어나야 한다. 창의적인 협상 방법은 국제 협상에서도 성공적으로 적용된다.

사회적, 문화적 배경을 이해하라

국제 협상에서는 국내 협상과는 다른 하나의 장애물이 존재한다. 바로 협상 당사자들의 사회적, 문화적 배경의 차이이다. 국제 협상이란 서로 다른 사회적, 문화적 배경을 가진 개인이나 조직간의 협상을 말한다. 국제 협상이라고 하더라도 앞서 설명한 성공적인 협상을 위한 기본적인 요소들에 있어서는 다른 협상들과 큰 차이가 없다. 하지만, 다른 문화와 언어를 배경으로 하는 협상 당사자와의 협상에는 몇 가지 주의해야 할 것들이 있다. 먼저 다른 사회 문화적 배경을 가진 사람들과의 협상은 의사 소통 자체가 불편하고, 비언어적인 요소들, 행동이나 태도 등의 다른 해석으로 인한 오해가 발생될 가능성이 높다.

또한 인식의 과정에 있어서도, 앞의 제3장에서 보았듯이, 인간은 자신이 가지고 있는 기존의 지식이나 경험, 기대 등에 근거하여 주어지는 정보를 처리하여 상황을 인식하기 때문에 동일한 상황에 대해 다른 결론에 도달할 수도 있다. 이처럼 협상 당사자 개개인의 인식 배경이 되는 국가나 사회, 문화에 대한 기본적인 안목은 매우 중요하다. 현실적으로 사회 문화적 이해를 배경으로 협상 당사자의 개인적 특성을 변수로 하여 협상 전략을 세워가는 것이 필요하다.

먼저 자기 자신이 상대방의 국가나 문화에 대한 편견을 가지고 있는 것은 아닌지 생각해 보아야 한다. 그리고 기본적으로 가지고 있는 상대방 국가에 대한 잠정적인 생각들이 협상 테이블의 건너편에 앉아 있는 협상 당사자 개인에도 적용될 수 있는지의 여부를 판단해 보아야 한다. 개인의 특성이 때로는 전반적인 문화적 배경을 넘어서는 경우는 협상에서 자주 발견된다.

미국인과 한국인의 협상 차이

협상에 나서는 당사자들은 상대방의 전형적인 모습 중에 긍정적인 면은 살리면서 부정적인 측면에 대해서는 협상을 통해서 극복하려는 노력이 필요하다. 예를 들어, 서양권에 비해 동양인의 협상 스타일은 다소 감정적일 것이라고 생각하는 서양인이 많다. 이런 고

	한국인	미국인
전반적 진행 스타일	감정적 호소가 중심	사실적, 논리적 기준 제시
대응 방식	상대방의 감정적 반응에 민감하게 대응	제시된 주장의 객관성과 논리성을 분석하여 대응. 일관성을 중시
양보에 대한 인식	관계 수립의 보상 성격이 강하다	협상의 목적 달성을 위해 과정상의 필요한 것으로 인식
관계에 대한 인식	상대적으로 장기적	상대적으로 단기적
협상 최초의 입장	초기에 극단적 입장을 취하는 경우가 많다	일반적으로 온건한 입장
협상 기한에 대한 인식	크게 신경 쓰지 않는다	상당히 민감하다

정관념을 동양인 협상가는, 객관적인 분석과 자료 준비, 논리적이고 합리적인 기준에 근거한 협상의 진행을 통해 상대방의 감정적인 요소에 대한 우려를 불식 시킬 수 있다. 쉽게 발견되는 미국인과 한국인들의 협상 방식의 차이를 간략하게 표로 정리해 보았다.

표에서 볼 수 있듯이 미국인들과의 협상에서 객관적인 사실이나 근거 없이, 무조건 감정적인 호소에 의존하는 것은 공감을 얻기 어려우며, 관계를 상대적으로 단기적인 것으로 보기 때문에 우호적인 관계 수립을 위한 무조건적인 양보는 무의미한 것이 되거나 상대방에게 오히려 경쟁적인 협상만을 부추기는 효과가 나타날 수 있다. 따라서 미국인과의 협상을 위해서는 자신의 입장을 뒷받침할 객관적인 근거들을 꼼꼼히 준비해 놓는 것이 좋다. 또한, 객관적인 기준도 일관성을 중시하는 태도에 비추어 볼 때, 과거의 전례(Precedent)가 효과적일 수 있다. 협상 시한에 대해 민감한 점을 이용하여 협상 스케줄의 적절한 조절을 통해 스스로의 협상력을 강화시킬 기회를 포착하는 것도 협상 준비과정에서 고민해야 할 사항의 하나이다.

미국인, 일본인, 브라질인의 협상 태도

　존 그라함(John Graham) 교수의 연구 결과는 서로 다른 문화적 배경을 가진 협상가들의 언어적, 비언어적 행위들이 어떻게 다른지를 잘 보여주고 있다. 그는 일본인, 미국인, 브라질인의 다음과 같은 협상 행위의 차이를 관찰을 통해서 발견하였다.

	일본인	미국인	브라질인
'아니오 (No)' 라고 말한 횟수	5.7	9.0	83.4
최초 입장 (최초 제시한 가격의 이익 수준)	다소 온건 (61.5)	온건 (57.3)	극단적 (75.2)
최초 양보의 크기(최초 입장과 두 번째 제시한 입장의 차이)	6.5	7.1	9.4
10 초 이상의 침묵의 횟수	5.5	3.5	0
대화 방해 횟수(상대방의 대화를 가로막거나 대화 중에 끼어들기)	12.6	10.3	28.6
상대방 얼굴을 응시하면서 대화한 시간	1.3 분	3.3 분	5.2 분
악수를 제외한 신체 접촉 횟수	0	0	4.7

* 상대방의 얼굴을 응시하면서 하는 대화의 경우(10분 기준)를 제외한 모든 행위는 30분을 기준으로 측정

　위의 관찰 결과를 보면 각국의 협상 스타일이 큰 차이를 보이는 것을 알 수 있다. 이 차이를 정확하게 이해하고 이에 따른 협상의

준비와 전략을 수립하는 것은 성공적인 협상을 위해서 무엇보다도 중요하다.

첫째, '아니오' 라고 말한 횟수가 미국인이나 일본인에 비해 브라질인의 경우가 매우 많다. 이는 브라질인의 '아니오' 라는 말이 상대방의 주장이나 질문에 대한 부정적인 대답이 아니라, 상대방과는 다른 의견을 말하고자 할 때 쓰는 습관적인 말임을 의미한다. 동양인들이 '예(Yes)' 라고 얘기했을 때, 이것이 반드시 자신의 입장을 받아 들인 것이 아닌 것처럼, 브라질인이 '아니' 라고 이야기 했을 때에도, 이것이 반드시 부정적인 대답을 의미하는 것이 아닌 것을 이해할 수 있다.

둘째로, 최초의 입장과 양보의 패턴 또한 국가별로 다른 것을 볼 수 있다. 브라질인의 경우, 처음엔 상당히 높은 가격을 제시하였다가, 이후에 많은 양보를 하고 있다. 하지만 미국인과 일본인의 경우엔 다소 합리적인 가격을 제기하는 것으로 관찰된다. 미국인과 일본인의 가격 제시에 지나치게 낮은 가격으로 역제안(Counter-offer)를 한다면 이는 협상 자체를 거부하는 듯한 인상을 주어 부정적인 감정을 일으키거나 협상의 진행을 정상 궤도에서 벗어나게 할 수 있다. 따라서 합리적인 근거를 가진 타당한 수준의 가격을 제시하는 것이 더 바람직할 수 있다.

일반적으로 10초 이상의 침묵이 흐르면 인간은 불편함을 느끼기 시작한다고 한다. 위의 관찰 결과를 보면, 일본인의 협상의 경우 많은 침묵이 있었고, 브라질인의 경우엔 단 한번의 침묵도 나타나지 않았다. 앞에서 설명하였듯이 협상에서의 침묵은 때로는 무엇보다도 좋은 대화의 기술이다. 침묵은 상대방의 대화를 유도해 내고 많은 정보를 얻어 낼 수 있는 기회를 마련한다.

일본인과의 협상에서 잦은 침묵을 불편하게 느끼고 그 불편함에서 벗어나기 위해 말을 많이 하다 보면 말 실수를 하여 오해를 사거나 불필요하게 많은 정보를 주게 될 위험이 있다. 일본인과의 협상에서는 침묵을 스스로 편하게 느낄 수 있도록 좀 더 느긋하고 여유 있는 마음가짐을 갖는 것이 중요하다. 귀는 열고 입을 닫는, 자신을 말하기 보다는 상대방이 말하는 바를 적극적으로 듣는 것이 보다 효과적인 대화의 기술이다.

브라질인은 좀 더 많은 대화를 하기 원한다. 상대방의 대화 중에 말을 가로채는 경우도 미국인이나 일본인에 비해 현저히 많이 나타나고 있다. 아시아에서는 인도가 유사한 경우이다. 인도인들은 이야기하기를 즐긴다. 인도인들과 대화를 해보면 실제로 좀처럼 이야기할 기회를 잡기 조차 어려울 때가 많다. 하지만 이들의 말을 중간에서 가로채는 것은 이들의 협상의 즐거움을 빼앗는 것일 뿐만 아니라, 감정적으로 영향을 미칠 수도 있다. 상대방의 말을 끝까지 들어주는 자세와 이를 좋은 정보수집의 기회로 이용하는 지혜가 필요하다.

여유로운 마음가짐과 관련하여, 앞의 표에서는 나타나고 있지 않지만, 미국인의 경우 협상 기한을 민감하게 느끼기 때문에 일본인에 비해 협상의 시한에 가까워 질수록 좀 더 큰 폭의 양보를 하는 것으로 관찰 되었다. 앞서 설명한 대로 협상의 시한은 협상력의 중요한 요소 중의 하나이다. 미국인과의 협상에 있어서 내부적으로는 협상 스케줄에 대한 철저한 관리에 신경을 쓰면서도 마지막까지 여유로운 태도를 보여주는 것이 더욱 중요할 수 있다는 점을 기억해야 할 것이다.

마지막으로 시선에 있어서도, 일본을 비롯한 동양에서는 상대방의 눈을 바라보면서 대화를 하는 것에 그다지 익숙하지 않는 사람들이 많다. 특히 상대방이 연장자인 경우 얼굴을 빤히 처다 보면서 대화를 하는 것은 무례한 것으로 생각되어지기도 했다. 반면 서양의 경우엔 대화를 하면서 서로의 눈을 쳐다보지 않는 것은 무언가를 상대방에게 숨기고 있는 것처럼 인식되기 쉽다. 신체적인 접촉에 있어서도 미국인과 일본인의 경우 악수를 제외한 어떤 추가적인 접촉이 관찰되지 않았다. 보통 미국인과 동양인들의 경우 대화를 할 때, 어느 정도의 거리를 두고자 하며, 브라질인의 경우 가까운 거리와 잦은 신체 접촉을 친밀함의 표현으로 생각한다. 상대방은 친밀해지기 위해서 가까이 다가 오는데, 아무런 설명도 하지 않고 거리를 두려 한다면 상대방의 감정을 상하게 할 수 있다.

이러한 문화적인 차이를 이해하여 상대방의 행위를 자신의 기준에서 잘못 판단하는 오류를 막아야 할 것이다. 만약 상대방이 문화적 차이에 대해 잘 이해하고 있다는 생각이 들지 않으면 적극적으로 스스로 행위의 이유를 명확하게 설명하여 불필요한 오해가 발생하지 않도록 하는 것도 중요하다.

다시 한번 강조하지만, 국적이나 문화적 배경만으로 상대방의 협상 스타일을 단정하는 것은 바람직하지 않다. 개인적인 차이가 오히려 국가나 문화적 배경의 차이보다 큰 경우를 흔히 발견하게 되기 때문이다. 문화에 대한 기본적인 이해를 바탕으로 잠정적인 결론을 내렸다 할지라도 개인의 협상 스타일을 주의 깊게 관찰하는 것을 멈춰서는 안 된다.

마지막으로 대화의 주제에 있어서 상대방 국가의 정치나 종교 등의 미묘한 문제에 대한 언급은 피하는 것이 좋다. 또한 같은 언어를 사용하는 협상이라고 해도, 각국에서의 통용되는 단어의 의미가 다를 수 있으므로, 혼동될 우려가 있는 단어의 사용은 피하고, 그럴 가능성이 있는 경우 반드시 그 단어의 정의를 덧붙이거나 확인하는 과정을 통하여 이로 인한 혼란을 미리 예방하는 것이 중요하다.

차이를 인정하고 존중하는 열린 마음

현실적으로 모든 문화를 이해할 수도, 굳이 이해할 필요도 없다. 성공적인 협상을 위해 필요한 마음가짐은 넓게는 이 지구상에서, 좁게는 우리의 지역 사회, 회사, 가정 안에도 나와는 다른 가치, 생각을 가진 다양한 사람들이 존재한다는 것을 인정하는 것이다. 이런 '차이'를 인정하는 개방적인 마음가짐이 필요하다. '다르다'는 것은 결코 열등하다거나 우월한 것이 아니다. 단지 가치 중립적인 사실일 뿐이다. 서로 차이를 인정하고 존중하는 열린 마음으로 상대방과 협상에 임한다면 국제 협상 또한 어렵지 않게 접근할 수 있다.

　다른 나라의 사람, 다른 문화의 사람들과의 협상이라고 해서 자신이 그 문화를 완전히 습득한 것처럼 행세할 필요도 없다. 이런 가식적인 행위는 오히려 상대방으로 하여금 오해를 불러 일으킬 수 있다. 대한민국 서울에서 협상을 하든, 인도의 남부에 위치한 체나이(Chennai)에서 협상을 하든 여전히 한국말을 하며 한국의 문화를 몸에 지닌 한국인이면 된다. 하지만 상대의 문화나 언어를 폄하하지 않고 상대방 국가의 인사말이나 문화를 배우려 하는 작은 성의라도 보인다면 단순히 언어나 문화의 차이에서 발생하는 많은 오해들을 극복할 수 있으며, 자연스럽게 문화적인 장벽을 극복하고 성공적인 협상을 위해 다가설 수 있다. 세계가 바로 우리의 성공 파트너가 될 수 있다.

○ 한국인은 협상 중에 '우리끼리 왜 이렇게 따지고 그래?' 하는 관계 중심의 협상 태도, '내가 감히 누군데' 하는 경쟁적 협상 태도, '거절하기 어려워서' 하는 양보형의 심리 상태를 자주 나타낸다. 성공적인 협상을 위해서는 이런 잘못된 협상 태도를 버려야 한다.

○ 한국을 포함한 동양권의 전형적인 모습인 양보형의 협상은 서양권의 경쟁적 협상의 희생양이 되기 쉽다. 그러나 경쟁적 협상의 승자 또한 협상의 진정한 승자는 아니다. 국제 협상에서도 대결의 협상, 양보형의 협상은 더 이상 성공하지 못한다.

○ 창의적 협상은 국제 협상에서도 성공적으로 적용된다.

○ 국제 협상에서는 기본적으로 협상가의 사회적, 문화적 배경을 이해하고 이에 따른 대응 방식을 준비해야 한다.

○ 경우에 따라서는 협상가 개인의 특성이 문화적 배경보다 더 큰 영향을 미치기도 한다.

○ 국제 협상에서는 무엇보다도 서로의 차이를 인정하고 존중하는 열린 마음이 필요하다.

가림출판사 · 가림M&B · 가림Let's에서 나온 책들

문 학

바늘구멍
켄 폴리트 지음 / 홍영의 옮김 / 신국판 / 342쪽 / 5,300원

레베카의 열쇠
켄 폴리트 지음 / 손연숙 옮김 / 신국판 / 492쪽 / 6,800원

암병선
니시무라 쥬코 지음 / 홍영의 옮김 / 신국판 / 300쪽 / 4,800원

첫키스한 얘기 말해도 될까
김정미 외 7명 지음 / 신국판 / 228쪽 / 4,000원

사미인곡 上·中·下
김충호 지음 / 신국판 / 각 권 5,000원

이내의 끝자리
박수완 스님 지음 / 국판변형 / 132쪽 / 3,000원

너는 왜 나에게 다가서야 했는지
김충호 지음 / 국판변형 / 124쪽 / 3,000원

세계의 명언　편집부 엮음 / 신국판 / 322쪽 / 5,000원

여자가 알아야 할 101가지 지혜
제인 아서 엮음 / 지창국 옮김 / 4×6판 / 132쪽 / 5,000원

현명한 사람이 읽는 지혜로운 이야기
이정민 엮음 / 신국판 / 236쪽 / 6,500원

성공적인 표정이 당신을 바꾼다
마츠오 도오루 지음 / 홍영의 옮김 / 신국판 / 240쪽 / 7,500원

태양의 법
오오카와 류우호오 지음 / 민병수 옮김 / 신국판 / 246쪽 / 8,500원

영원의 법
오오카와 류우호오 지음 / 민병수 옮김 / 신국판 / 240쪽 / 8,000원

석가의 본심
오오카와 류우호오 지음 / 민병수 옮김 / 신국판 / 246쪽 / 10,000원

옛 사람들의 재치와 웃음
강형중 · 김경익 편저 / 신국판 / 316쪽 / 8,000원

지혜의 쉼터
쇼펜하우어 지음 / 김충호 엮음 / 4×6판 양장본 / 160쪽 / 4,300원

헤세가 니에게
헤르만 헤세 지음 / 홍영의 엮음 / 4×6판 양장본 / 144쪽 / 4,500원

사랑보다 소중한 삶의 의미
크리슈나무르티 지음 / 최윤영 엮음 / 신국판 / 180쪽 / 4,000원

장자-어찌하여 알 속에 털이 있다 하는가
홍영의 엮음 / 4×6판 / 180쪽 / 4,000원

논어-배우고 때로 익히면 즐겁지 아니한가
신도희 엮음 / 4×6판 / 180쪽 / 4,000원

맹자-가까이 있는데 어찌 먼 데서 구하려 하는가
홍영의 엮음 / 4×6판 / 180쪽 / 4,000원

아름다운 세상을 만드는 사랑의 메시지 365
DuMont monte Verlag 엮음 / 정성호 옮김
4×6판 변형 양장본 / 240쪽 / 8,000원

황금의 법
오오카와 류우호오 지음 / 민병수 옮김 / 신국판 / 320쪽 / 12,000원

왜 여자는 바람을 피우는가?
기젤라 룬테 지음 / 김현성 · 진정미 옮김 / 국판 / 200쪽 / 7,000원

세상에서 가장 아름다운 선물
김인자 지음 / 국판변형 / 292쪽 / 9,000원

수능에 꼭 나오는 한국 단편 33　윤종필 엮음 / 신국판 / 704쪽 / 11,000원

수능에 꼭 나오는 한국 현대 단편 소설　윤종필 엮음 및 해설
신국판 / 364쪽 / 11,000원

수능에 꼭 나오는 세계단편(영미권)　지창영 옮김 / 윤종필 엮음 및 해설
1920~1950년대 단편 소설 분야 최고 작가의 작품만 엄선하여 수록. 미국과 영국의 단편선을 통하여 그 나라의 정신적 가치, 문화적 특징을 접함으로써 정신적인 성장을 할 수 있는 계기가 될 수 있을 것이다.　신국판 / 328쪽 / 10,000원

수능에 꼭 나오는 세계단편(유럽권)　지창영 옮김 / 윤종필 엮음 및 해설
1920~1950년대 프랑스, 러시아, 독일의 특색을 온전히 느낄 수 있고 그 나라를 대표할 수 있는 작가의 작품만을 엄선하여 12편을 실은 것이다. 이 작품들은 몇 백 년이 흐른 지금에도 전 세계인들이 애독하고 있는 불후의 명작들에 속한다.　신국판 / 360쪽 / 11,000원

 건 강 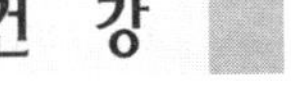

아름다운 피부미용법　이순희(한독피부미용학원 원장) 지음
피부조직에 대한 기초 이론과 우리 몸의 생리를 알려줌으로써 아름다운 피부, 젊은 피부를 오래 유지할 수 있는 비결 제시!
신국판 / 296쪽 / 6,000원

버섯건강요법　김병각 외 6명 지음
종양 억제율 100%에 가까운 96.7%를 나타내는 기적의 약용버섯 등 신비의 버섯을 통하여 암을 치료하고 비만, 당뇨, 고혈압, 동맥경화 등 각종 성인병 예방을 위한 생활 건강 지침서!
신국판 / 286쪽 / 8,000원

성인병과 암을 정복하는 유기게르마늄
이상현 편저 / 캬오 샤오이 감수
최근 들어 각광을 받고 있는 새로운 치료제인 유기게르마늄을 통한 성인병, 각종 암의 치료에 대해 상세히 소개.　신국판 / 312쪽 / 9,000원

난치성 피부병　생약효소연구원 지음
현대의학으로도 치유불가능했던 난치성 피부병인 건선 · 아토피(태열)의 완치요법이 수록된 건강 지침서.　신국판 / 232쪽 / 7,500원

新 방약합편　정도명 편역
자신의 병을 알고 증세에 맞춰 스스로 처방을 할 수 있고 조제할 수 있는 보약 506가지 수록.　신국판 / 416쪽 / 15,000원

자연치료의학　오홍근(신경정신과 의학박사 · 자연의학박사) 지음
대한민국 최초의 자연의학박사가 밝힌 신비의 자연치료의학으로 자연산물을 이용하여 부작용 없이 치료하는 건강 생활 비법 공개!!
신국판 / 472쪽 / 15,000원

약초의 활용과 가정한방　이인성 지음
주변의 흔한 식물과 약초를 활용하여 각종 질병을 간편하게 예방 · 치료할 수 있는 비법제시.　신국판 / 384쪽 / 8,500원

역전의학　이시하라 유미 지음 / 유태종 감수
일반상식으로 알고 있는 건강상식에 대해 전혀 새로운 관점에서 비판하고 아울러 새로운 방법들을 제시한 건강 혁명 서적!!
신국판 / 286쪽 / 8,500원

이순희식 순수피부미용법　이순희(한독피부미용학원 원장) 지음
자신의 피부에 맞는 관리법으로 스스로 피부관리를 할 수 있는 방법을 제시하고 책 속 부록으로 천연팩 재료 사전과 피부 타입별 팩 고르기.　신국판 / 304쪽 / 7,000원

21세기 당뇨병 예방과 치료법　이현철(연세대 의대 내과 교수) 지음
세계 최초 유전자 치료법을 개발한 저자가 당뇨병과 대항하여 가장 확실하게 이길 수 있는 당뇨병에 대한 올바른 이론과 발병시 대처 방법을 상세히 수록!　신국판 / 360쪽 / 9,500원

신재용의 민의학 동의보감　신재용(해성한의원 원장) 지음
주변의 흔한 먹거리를 이용해 신비의 명약이나 보약으로 활용할 수 있는 건강 지침서로서 저자가 TV나 라디오에서 다 밝히지 못한 한방 및 민간요법까지 상세히 수록!!　신국판 / 476쪽 / 10,000원

치매 알면 치매 이긴다　배오성(백상한방병원 원장) 지음
B.O.S.요법으로 뇌세포의 기능을 활성화시키고 엔돌핀의 분비효과를 극대화시켜 증상에 맞는 한약 처방을 병행하여 치매를 치유하는 획기적인 치유법 제시.　신국판 / 312쪽 / 10,000원

21세기 건강혁명 **밥상 위의 보약 생식** 최경순 지음
항암식품으로, 다이어트식으로, 젊고 탄력적인 피부를 유지할 수
있게 해주는 자연식으로의 생식을 소개하여 현대인들의 건강 길라
잡이가 되도록 하였다. 신국판 / 348쪽 / 9,800원

기치유와 기공수련 윤한홍(기치유 연구회 회장) 지음
누구나 노력만 하면 개발할 수 있고 활용할 수 있는 기 수련 방법과
기치유 개발 방법 소개. 신국판 / 340쪽 / 12,000원

만병의 근원 **스트레스 원인과 퇴치** 김지혁(김지혁한의원 원장) 지음
만병의 근원인 스트레스를 속속들이 파헤치고 예방법까지 속시원
하게 제시!! 신국판 / 324쪽 / 9,500원

김종성 박사의 뇌졸중 119 김종성 지음
우리나라 사망원인 1위. 뇌졸중 분야의 최고 권위자인 저자가 일상
생활에서의 건강관리부터 환자간호에 이르기까지 뇌졸중의 예방,
치료법 등 모든 것 수록. 신국판 / 356쪽 / 12,000원

탈모 예방과 모발 클리닉 장정훈 · 전재홍 지음
미용적인 측면과 우리가 일상적으로 고민하고 궁금해 하는 털에 관
한 내용들을 다양하고 재미있게 예들을 들어가면서 흥미롭게 풀어
간 것이 이 책의 특징. 신국판 / 252쪽 / 8,000원

구태규의 100% 성공 다이어트 구태규 지음
하이틴 영화배우의 다이어트 체험서. 저자만의 다이어트법을 제시
하면서 바람직한 다이어트에 대해서도 알려준다. 건강하게 날씬해
지고 싶은 사람들을 위한 필독서! 4×6배판 변형 / 240쪽 / 9,900원

암 예방과 치료법 이춘기 지음
암환자와 가족들을 위해서 암의 치료방법에서부터 합병증의 예방
및 암이 생기기 전에 알 수 있는 방법에 이르기까지 상세하게 해설
해 놓은 책. 신국판 / 296쪽 / 11,000원

알기 쉬운 위장병 예방과 치료법 민영일 지음
소화기관인 위와 관련 기관들의 여러 질환을 발병 원인, 증상, 치료법
을 중심으로 알기 쉽게 해설해 놓은 건강서. 신국판 / 328쪽 / 9,900원

이온 체내혁명 노보루 야마노이 지음 / 김병관 옮김
새로운 건강관리 이론으로 주목을 받고 있는 음이온을 통해 건강을
돌볼 수 있는 방법 제시. 신국판 / 272쪽 / 9,500원

어혈과 사혈요법 정지천 지음
침과 부항요법 등을 사용하여 모든 질병을 다스릴 수 방법과 우리
주변에서 흔하게 접할 수 있는 각 질병의 상황별 처치를 혈자리 그
림과 함께 해설. 신국판 / 308쪽 / 12,000원

약손 경락마사지로 건강미인 만들기 고정환 지음
경락과 민족 고유의 정신 약손을 결합시킨 약손 성형경락 마사지로
수술하지 않고도 자신이 원하는 부위를 고치는 방법을 제시하는 건
강 미용서. 4×6배판 변형 / 284쪽 / 15,000원

정유정의 **LOVE DIET** 정유정 지음
널리 알려진 온갖 다이어트 방법으로 살을 빼려고 노력했던 저자의
고통스러웠던 다이어트 체험담이 실려 있어 지금 살 때문에 고민하
는 사람들이 가슴에 와 닿는 나만의 다이어트 계획을 나름대로 세
울 수 있을 것이다. 4×6배판 변형 / 196쪽 / 10,500원

머리에서 발끝까지 예뻐지는 **부분다이어트** 신상만 · 김선민 지음
한약을 먹거나 침을 맞아 살을 빼는 방법, 아로마요법을 이용한 다이
어트법, 운동을 이용한 부분비만 해소법 등이 실려 있으므로 나에게
맞는 방법을 선택해 날씬하고 예쁜 몸매를 만들 수 있을 것이다.
4×6배판 변형 / 196쪽 / 11,000원

알기 쉬운 심장병 119 박승정 지음
심장병에 관해 심장질환이 생기는 원인, 증상, 치료법을 중심으로
내용을 상세하게 해설해 놓은 건강서. 신국판 / 248쪽 / 9,000원

알기 쉬운 고혈압 119 이정균 지음
생활 속의 고혈압에 관해 일반인들이 관심을 가지고 예방할 수 있
도록 고혈압의 원인, 증상, 합병증 등을 상세하게 해설해 놓은 건
강서. 신국판 / 304쪽 / 10,000원

여성을 위한 **부인과질환의 예방과 치료** 차선회 지음
남들에게는 말할 수 없는 증상들로 고민하고 있는 여성들을 위해
부인암, 골다공증, 빈혈 등 부인과질환을 원인 및 치료방법을 중심
으로 설명한 여성건강 정보서. 신국판 / 304쪽 / 10,000원

알기 쉬운 아토피 119 이승규 · 임승엽 · 김문호 · 안유일 지음
감기처럼 흔하지만 암만큼 무서운 아토피 피부염의 원인에서부터
증상, 치료방법, 임상사례, 민간요법을 적용한 환자들의 경험담 등
수록. 신국판 / 232쪽 / 9,500원

120세에 도전한다 이권행 지음
아프지 않고 건강하게 오래 살기를 바라는 현대인들에게 우리 체질
에 맞는 식생활습관, 심신 활동, 생활습관, 체질별 · 나이별 양생법
을 소개. 장수하고픈 독자들의 궁금증을 풀어줄 것이다.
신국판 / 308쪽 / 11,000원

건강과 아름다움을 만드는 요가 정판식 지음
책을 보고서 집에서 혼자서도 할 수 있는 요가법 수록. 각종 질병에
따른 요가 수정체조법도 담았으며, 별책 부록으로 한눈에 보는 요
가 차트 수록. 4×6배판 변형 / 224쪽 / 14,000원

우리 아이 건강하고 아름다운 롱다리 만들기 김성훈 지음
키 작은 우리 아이를 롱다리로 만드는 비법공개. 식사습관과 생활
습관만의 변화로도 키를 크게 할 수 있으므로 키 작은 자녀를 둔 부
모의 고민을 해결해 준다. 대국전판 / 236쪽 / 10,500원

알기 쉬운 허리디스크 예방과 치료 이종서 지음
전문가들의 의견, 허리병의 치료에서 가장 중요한 운동치료, 허리
디스크와 요통에 관해 언론에서 잘못 소개한 기사나 과장 보도한
기사, 대상이 광범위함으로써 생기고 있는 사이비 의술 및 상업적
인 의술을 시행하는 상업적인 병원 등을 소개함으로써 허리병을 앓
고 있는 사람들에게 정확하고 올바른 지식을 전달하고자 하는 길라
잡이서. 대국전판 / 336쪽 / 12,000원

소아과 전문의에게 듣는 알기 쉬운 소아과 119
신영규 · 이강우 · 최성항 지음
새내기 엄마, 아빠를 위해 올바른 육아법을 제시하고 각종 질병에
대한 치료법 및 예방법, 응급처치법을 소개.
4×6배판 변형 / 280쪽 / 14,000원

피가 맑아야 건강하게 오래 살 수 있다 김영찬 지음
현대인이 앓고 있는 고혈압, 당뇨병, 심장병 등은 피가 끈적거리고
혈관이 너덜거려서 생기는 질병이다. 이러한 성인병을 치료하려면
식요법, 생활습관 개선 등을 통해 피를 맑게 해야 한다. 이 책에
서는 피를 맑게 하기 위해 필요한 처방, 생활습관 개선법을 한의학
적 관점에서 상세하게 설명하고 있다. 신국판 / 256쪽 / 10,000원

웰빙형 피부 미인을 만드는 **나만의 셀프 피부건강** 양해원 지음
모든 사람들이 관심 있어 하는 피부 관리를 집에서 할 수 있게 해주
는 실용서. 집에서 간단하게 만들 수 있는 화장수, 팩 등을 소개하
여 손 안의 미용서 역할을 하고 있다. 대국전판 / 144쪽 / 10,000원

내 몸을 살리는 **생활 속의 웰빙 항암 식품** 이승남 지음
'암=사형 선고' 라는 고정 관념을 깨자는 전제 아래 우리 밥상에서 흔
히 볼 수 있는 먹거리로 암을 예방하며 치료하는 방법 소개. 암환자와
그 가족들에게 희망을 안겨 줄 것이다. 대국전판 / 248쪽 / 9,800원

마음한글, 느낌한글 박완식 지음
훈민정음의 창제원리를 이용한 한글명상, 한글요가, 한글체조로 지
금까지의 요가나 명상과는 차원이 다른 더욱 더 효과적인 수련으로
이제 당신 앞에 새로운 세계가 펼쳐진다. 4×6배판 / 300쪽 / 15,000원

웰빙 동의보감식 **발마사지 10분** 최미희 지음 / 신재용 감수
발이 병나면 몸에도 병이 생긴다. 우리 몸 중에서 가장 천대받으면
서도 가장 많은 일을 하는 발을 새롭게 인식하는 추세에 맞추어 발
을 가꾸어 건강을 지키는 방법 제시. 각 질병별 발마사지 방법, 부
위를 구체적으로 설명하고 있다. 텔레비전을 보면서 하는 15분의
발마사지가 피로를 풀어주고 건강을 지켜줄 것이다.
4×6배판 변형 / 204쪽 / 13,000원

아름다운 몸, 건강한 몸을 위한 **목욕 건강 30분** 임하성 지음
우리가 흔히 대수롭지 않게 여기고 하는 습관 중에 하나가 목욕일
것이다. 그러나 이제 목욕도 건강과 관련시켜 올바른 방법으로 해
야 한다. 웰빙 시대, 웰빙 라이프에 맞는 올바른 목욕법을 피부 관
리 및 우리들의 생활 패턴에 맞추어 제시해 본다.
대국전판 / 176쪽 / 9,500원

내가 만드는 **한방생주스 60** 김영섭 지음
일반적인 과일 · 야채 주스에 21가지 한약재로 기본 음료를 만들어
맛과 영양을 고루 갖춘 최초의 웰빙 한방 건강음료 만드는 법 60가
지 수록!! 각 음료마다 만드는 법과 효능을 실어 우리 가족 건강을
지키는 건강지침서의 역할을 한다. 국판 / 112쪽 / 7,000원

몸을 살리는 건강식품 백은희 · 조창호 · 최양진 지음
스트레스에 시달리는 현대인들에게 자연 영양소를 공급해 주는 건
강기능식품에 관한 상세한 정보를 담고 있다. 나에게 필요한 영양
소는 어떤 것이 있으며, 어떻게 섭취했을 때 가장 큰 효과를 얻을

수 있는지 등을 조목조목 설명해 놓은 것이 눈에 띈다.
신국판 / 384쪽 / 11,000원

건강도 키우고 성적도 올리는 자녀 건강　김진돈 지음
자녀를 둔 부모라면 가장 먼저 생각하는 것이 자녀의 건강일 것이다. 특히 수험생을 둔 부모라면 그 관심은 말로 단정지을 수 없다. 수험생 자신이나 부모가 알아야 한 평소 건강 관리법, 제일 이겨내기 힘든 계절인 여름철 건강 관리법, 조심해야 할 질병들에 대해 예방법, 치료법을 상세하게 소개하고 있다.　신국판 / 304쪽 / 12,000원

알기 쉬운 간질환 119　이관식 지음
간염이 있는 사람이 술잔을 돌릴 경우 간염이 전염될까? 우리는 간이 소중한 존재임을 알면서도 혹사시키는 일이 많다. 간염 전염 및 간경화, 간암 등에 대한 잘못된 지식을 제대로 잡아주고 간과 관련된 병을 예방하는 법, 병에 걸렸을 때 치료하고 관리하는 법 등을 상세히 수록하여 간을 건강하게 지킬 수 있도록 해준다.
신국판 / 264쪽 / 11,000원

밥으로 병을 고친다　허봉수 지음
우리가 하루 세 끼 식사에서 대하는 밥상이 우리의 건강을 지켜주는 최고의 건강지킴이다. 이 간단 명료한 진리를 알면서도 우리는 다른 방법으로 건강을 지키려고 한다. 건강을 지키는 일은 어렵고 특별한 일이 아니라 보통의 밥상에서 지킬 수 있는 일임을 강조하고 거기에 맞는 실제 사례를 제시하여 비슷한 사례에서 응용할 수 있게 내용을 구성하고 있다.　대국전판 / 352쪽 / 13,500원

알기 쉬운 신장병 119　김형규 지음
신장병은 특별한 증상이 없어 조기진단이 힘들다고 한다. 그러나 진단과 치료의 혜택으로 완치를 할 수 있는 병이라고도 한다. 일상생활 속에서 신장병을 파악할 수 있는 자가진단법, 신장병을 검사하고 치료하는 방법, 신장병과 관련 있는 질병들을 일반인들이 이해하기 수준에서 설명하고 있다. 또한 신장병과 관련 있는 생활 속의 정보를 부록으로 수록하여 내용의 깊이를 더해 주고 있다.
신국판 / 240쪽 / 10,000원

마음의 감기 치료법 우울증 119　이민수 지음
우울증에는 예외의 대상이 없다. 현대인이라면 누구나 우울증에 걸릴 수 있다는 전제 아래 일반인들이 쉽게 이해할 수 있는 우울증을 담고 있다. 남에게, 가족에게 숨겨야 하는 몹쓸 병이 아니라 바르고 정확하게 알아야 건강한 삶을 누릴 수 있는 병임을 알리면서 우울증을 치료하는 법, 환자 본인과 가족 및 주위에서 가져야 할 자세 등을 알려준다.　대국전판 / 232쪽 / 9,800원

관절염 119　송영욱 지음
"비가 오려나? 왜 이리 무릎이 쑤시나." 이렇게 표현되는 관절염에는 일반인들이 잘 알지 못하는 다른 종류의 관절염도 있다. 이러한 관절염을 일반인들의 입장에서 쉽게 이해하고 예방하고 치료할 수 있는 방법을 소개하고 있다. 생활 속에서의 습관을 고치고 운동을 통해서 허리나 다리가 아픈 통증에서 벗어날 수 있다.
대국전판 / 224쪽 / 9,800원

내 딸을 위한 미성년 클리닉　강병문 · 이향아 · 최정원 지음
서울 아산병원 미성년 클리닉팀의 새로운 제안!! 청소년기의 건강 상태는 평생을 좌우한다. 이 시기를 어떻게 보내느냐에 따라 60년 인생이 완전히 달라질 수 있다. 특히 여자라면 꼭 알아야할 건강 이야기로 자라나는 우리 딸들이 자신의 몸을 소중히 하는데 도움이 될 것이다.　국판 / 148쪽 / 8,000원

암을 다스리는 기적의 치유법
케이 세이헤이 감수 / 카와키 나리카즈 지음 / 민병수 옮김
저분자 수용성 키토산의 파워!! 항암제나 방사선 치료의 부작용을 경감시키고 그 효과를 오래 지속시켜주는 효과를 비롯한 키토산의 6대 항암 효과를 통하여 암에 탁월한 효과가 있는 수용성 키토산의 전신 면역 요법에 대하여 알 수 있을 것이다. 더불어 자연치유력에 대한 강한 믿음을 갖게 된다.　신국판 / 256쪽 / 9,000원

스트레스 다스리기
대한불안장애학회 스트레스관리연구특별위원회 지음
스트레스 분야의 21명의 전문가가 쓴 스트레스 해소법. 암보다 무서운 병, 스트레스를 줄이면 10년은 젊게 살 수 있다.
신국판 / 304쪽 / 12,000원

천연 식초 건강법
건강식품연구회 엮음 / 신재용(해성한의원 원장) 감수
가장 쉽게 구할 수 있고 경제적인 식품이면서 상상할 수 없을 정도로 뛰어난 약효를 지닌 식초의 모든 것을 담은 건강지침서!
신국판 / 252쪽 / 9,000원

암에 대한 모든 것　서울아산병원 암센터 지음
이 책은 우리나라에서 특히 발병률이 높은 7가지 암에 대해 철저히 분석한 책이다. 해당 암의 원인부터 발병률, 원인 및 진단법, 치료법, 예방법 및 관리법, 해당 암에 대해 잘못 알려진 상식 등 암에 대한 보다 실질적이고 구체적인 정보를 담았다. 암에 대한 정보를 필요로 이들이 보다 효율적으로 이용할 수 있는 책이다.
신국판 / 360쪽 / 13,000원

알록달록 컬러 다이어트　이승남 지음
이 시대의 트렌드인 웰빙 열풍 가운데 컬러 푸드가 커다란 아이템으로 자리 잡고 있다. 이 책에서는 다이어트 시에 생기는 스트레스와, 스트레스로 인한 활성산소, 다이어트로 인한 영양불균형 등을 컬러 푸드를 이용하여 우리 몸을 젊고 건강하고 아름답게 가꾸는 방법을 상세히 제시하여 주고 있다. 또한 비만이 아닌 체형교정을 원하는 분들에게는 올바른 운동법과 마사지요법을 통하여 문제를 해결할 수 있도록 길을 열어준다.　국판 / 248쪽 / 10,000원

교 육

우리 교육의 창조적 백색혁명
원상기 지음 / 신국판 / 206쪽 / 6,000원

현대생활과 체육
조창남 외 5명 공저 / 신국판 / 340쪽 / 10,000원

퍼펙트 MBA　IAE유학네트 지음 / 신국판 / 400쪽 / 12,000원

유학길라잡이 I - 미국편
IAE유학네트 지음 / 4×6배판 / 372쪽 / 13,900원

유학길라잡이 II - 4개국편
IAE유학네트 지음 / 4×6배판 / 348쪽 / 13,900원

조기유학길라잡이.com
IAE유학네트 지음 / 4×6배판 / 428쪽 / 15,000원

현대인의 건강생활
박상호 외 5명 공저 / 4×6배판 / 268쪽 / 15,000원

천재아이로 키우는 두뇌훈련
나카마츠 요시로 지음 / 민병수 옮김 / 국판 / 288쪽 / 9,500원

두뇌혁명
나카마츠 요시로 지음 / 민병수 옮김 / 4×6판 양장본 / 288쪽 / 12,000원

테마별 고사성어로 익히는 한자
김경익 지음 / 4×6배판 변형 / 248쪽 / 9,800원

生생 공부비법　이은승 지음 / 대국전판 / 272쪽 / 9,500원

자녀를 성공시키는 습관만들기　배은경 지음
성공하는 자녀를 꿈꾸는 부모들이 알아야 할 자녀 교육법 소개. 부모는 자녀 인생의 주연이 아님을 알아야 하며 부모의 좋은 습관, 건전한 생각이 자녀의 성공 인생을 가져온다는 내용을 담은 부모 및 자녀 모두를 위한 자기 계발서.　대국전판 / 232쪽 / 9,500원

한자능력검정시험 1급　한자능력검정시험연구위원회 편저
한자능력검정시험의 최상급인 1급 대비서. 2~8급 배정한자(2355자)를 포함하는 1급 배정한자 3500자에 관한 유래, 활용 예, 사자성어, 예상문제 등을 완벽 수록하여 시험에 만전을 기할 수 있게 하였다. 또한 쓰기 배정한자 2005자에 대한 부록도 수록하여 읽기와 쓰기 한자 익힘이 완벽하게 이루어지도록 하였다.
4×6배판 / 568쪽 / 21,000원

한자능력검정시험 2급　한자능력검정시험연구위원회 편저
국어사전식 단어 배열, 내용을 쉽게 이해할 수 있도록 도와주는 일러스트, 기출 문제의 완전 분석을 바탕으로 한 예상 문제 수록 등 한자능력검정시험 2급을 준비하는 사람들을 위한 완벽 대비서.
4×6배판 / 472쪽 / 18,000원

한자능력검정시험 3급(3급II)　한자능력검정시험연구위원회 편저
4급 한자를 포함한 3급 · 3급II 배정한자 1817자 각 한자에 대한 어원 및 실용 사례를 수록하였다. 각 한자의 배열은 가, 나, 다…의 국어사전식 배열을 채택하여 음만 알아도 한자를 쉽게 찾을 수 있게 하였다. 또한 한자의 이해를 돕는 일러스트, 3급 · 3급II 한자를 포함한 실생활에 응용할 수 있는 생활 한자 고녀를 배경히여 학습의

깊이를 더해주고 있다. 끝으로 기출문제 분석에 맞춘 예상문제와 쓰기 배정 한자를 실어 3급 · 3급II 한자 학습을 완전하게 익힐 수 있게 하였다. 4×6배판 / 440쪽 / 17,000원

한자능력검정시험 4급(4급II) 한자능력검정시험연구위원회 편저
국어사전식 단어 배열, 4급 한자 1000자 필순 수록, 생활에서 활용할 수 있는 활용 한자 요점정리, 생활 속에서 자주 쓰이는 약자, 한자의 이해를 돕기 위한 일러스트와 유래 설명, 4급 한자 1000자를 응용한 한자 심화 학습, 기출 문제를 완전 분석한 후 그에 따라 엄선한 예상문제 수록 등 4급 한자 익히기와 시험에 대비하는 모든 사람들을 위한 완벽 대비서. 4×6배판 / 352쪽 / 15,000원

한자능력검정시험 5급 한자능력검정시험연구위원회 편저
국어사전식 단어 배열, 5급 한자 500자 따라 쓰기, 생활에서 활용할 수 있는 활용 한자 요점정리, 생활 속에서 자주 쓰이는 약자, 한자의 이해를 돕기 위한 일러스트와 유래 설명, 기출 문제를 완전 분석한 후 그에 따라 엄선한 예상문제 수록 등 5급 한자 익히기와 시험에 대비하는 모든 사람들을 위한 완벽 대비서.
4×6배판 / 264쪽 / 11,000원

한자능력검정시험 6급 한자능력검정시험연구위원회 편저
국어사전식 단어 배열, 6급 한자 300자 따라 쓰기, 생활에서 활용할 수 있는 활용 한자 요점정리, 한자의 이해를 돕기 위한 일러스트와 유래 설명, 기출 문제를 완전 분석한 후 그에 따라 엄선한 예상문제 수록 등 6급 한자 익히기와 시험에 대비하는 모든 사람들을 위한 완벽 대비서. 4×6배판 / 168쪽 / 8,500원

한자능력검정시험 7급 한자능력검정시험연구위원회 편저
국어사전식 단어 배열, 각 한자 배우기에 도움이 되는 일러스트를 곁들이고 한자의 구성 원리를 설명해 놓아 한자 배우기가 재미있고 쉽다. 또한 따라쓰기를 통해 한자 익히기를 완전하게 끝낼 수 있도록 하였으며 활용 예문을 다양하게 예시해 놓았다.
4×6배판 / 152쪽 / 7,000원

한자능력검정시험 8급 한자능력검정시험연구위원회 편저
8급 한자 50자에 대해 각 한자 배우기에 도움이 되는 일러스트를 곁들이고 한자의 구성 원리를 설명해 놓아 한자 배우기가 재미있고 쉽다. 또한 따라쓰기를 통해 기본 한자 익히기를 완전하게 끝낼 수 있도록 하였으며 기본 50개의 한자를 활용한 예문을 다양하게 예시해 놓았다. 4×6배판 / 112쪽 / 6,000원

볼링의 이론과 실기 이택상 지음 / 신국판 / 192쪽 / 9,000원

고사성어로 끝내는 천자문 조준상 글/그림
고사성어에 얽힌 일화를 재미있는 만화로 엮어, 만화를 보면서 고사성어도 익힐 수 있는 일석이조의 만화 학습서이다. 특히 국가공인 한자능력검정시험 4급에 나오는 한자를 수록하고 있어 자격증을 준비하는 데에 도움을 줄 뿐만 아니라 실생활에 응용할 수 있는 생활한자가 수록되어 있어 교양을 넓히는 데에도 많은 도움이 될 것이다. 4×6배판 / 216쪽 / 12,000원

내 아이 스타 만들기 김민성 지음
이 책은 평범한 가정에서 태어난 초등학생 예랑이가 자신의 재능을 발견해가는 과정과 그것을 지켜보는 부모님을 통하여 현대의 많은 부모님들이 자신의 자녀들에게 어떤 교육방식과 마음가짐으로 아이의 뒷바라지를 해줘야 할지 그 방향을 제시해주고 있다.
신국판 / 200쪽 / 9,000원

취미 · 실용

김진국과 같이 배우는 와인의 세계 김진국 지음
포도주 역사에서 분류, 원료 포도의 종류와 재배, 양조 · 숙성 · 저장, 시음법, 어울리는 요리와 와인의 유통과 소비, 와인 시장의 현황과 전망, 와인 판매 요령, 와인의 보관과 재고의 회전, '와인 양조 비밀의 모든 것' 을 동영상으로 담은 CD까지, 와인의 모든 것이 담긴 종합학습서. 국배판 변형양장본(올 컬러판) / 208쪽 / 30,000원

경제 · 경영

CEO가 될 수 있는 성공법칙 101가지
김승룡 편역 / 신국판 / 320쪽 / 9,500원

정보소프트 김승룡 지음 / 신국판 / 324쪽 / 6,000원

기획대사전 다카하시 겐코 지음 / 홍영의 옮김
기획에 관련된 모든 사항을 실례와 도표를 통하여 초보자에서 프로 기획맨에 이르기까지 효율적으로 활용할 수 있도록 체계적으로 총망라하였다. 신국판 / 552쪽 / 19,500원

맨손창업 · 맞춤창업 BEST 74 양혜숙 지음
창업대행 현장 전문가가 추천하는 유망업종을 7가지 주제별로 나누어 수록한 맞춤창업서로 창업예비자들에게 창업의 길을 밝혀줄 발로 뛰면서 만든 실무 지침서!! 신국판 / 416쪽 / 12,000원

무자본, 무점포 창업! FAX 한 대면 성공한다
다카시로 고시 지음 / 홍영의 옮김 / 신국판 / 226쪽 / 7,500원

성공하는 기업의 인간경영 중소기업 노무 연구회 편저 / 홍영의 옮김
무한경쟁시대에서 각 기업들의 다양한 경영 실태 속에서 인사 · 노무 관리 개선에 있어서 기업의 효율을 높이고 발전을 이룰 수 있는 원칙을 제시. 신국판 / 368쪽 / 11,000원

21세기 IT가 세계를 지배한다 김광희 지음
21세기 화두로 떠오른 IT혁명의 경쟁력에 대해서 전문가의 논리적이고 철저한 해설과 더불어 매장 끝까지 실제 사례를 곁들여 설명.
신국판 / 380쪽 / 12,000원

경제기사로 부자아빠 만들기 김기태 · 신현태 · 박근수 공저
날마다 배달되는 경제기사를 꼼꼼히 챙겨보는 사람만이 현대생활에서 부자가 될 수 있다. 언론인의 현장감각과 학자의 전문성을 접목시킨 것이 이 책의 특성! 누구나 이 책을 읽고 경제원리를 체득, 경제예측을 할 수 있게 준비된 생활경제서적.
신국판 / 388쪽 / 12,000원

포스트 PC의 주역 정보가전과 무선인터넷 김광희 지음
포스트 PC의 주역으로 급부상하고 있는 정보가전과 무선인터넷 그리고 이를 구현하기 위한 관련 테크놀러지를 체계적으로 소개.
신국판 / 356쪽 / 12,000원

성공하는 사람들의 마케팅 바이블 채수명 지음
최근의 이론을 보완하여 내놓은 마케팅 관련 실무서. 마케팅의 정보전략, 핵심요소, 컨설팅실무까지 저자의 노하우와 창의적인 이론이 결합된 마케팅서. 신국판 / 328쪽 / 12,000원

느린 비즈니스로 돌아가라
사카모토 게이이치 지음 / 정성호 옮김
미국식 스피드 경영에 익숙해져 현실의 오류를 간과하고 있는 사람들을 위한 어떻게 팔 것인가보다 무엇을 팔 것인가를 설명하는 마케팅 컨설턴트의 대안 제시서! 신국판 / 276쪽 / 9,000원

적은 돈으로 큰돈 벌 수 있는 부동산 재테크 이원재 지음
700만 원으로 부동산 재테크에 뛰어들어 100배 불린 저자가 부동산 재테크를 계획하고 있는 사람들이 반드시 알아두어야 할 내용을 경험담을 담아 해설해 놓은 경제서. 신국판 / 340쪽 / 12,000원

바이오혁명 이주영 지음
21세기 국가간 경쟁부문으로 새로이 떠오르고 있는 바이오혁명에 관한 기초지식을 언론사에 몸담고 있는 현직 기자가 아주 쉽게 해설해 놓은 바이오 가이드서. 바이오 관련 용어 해설 수록.
신국판 / 328쪽 / 12,000원

성공하는 사람들의 자기혁신 경영기술 채수명 지음
자기 계발을 통한 신지식 자기경영마인드를 갖추어야 한다는 전제 아래 그 방법을 자세하게 알려주는 자기계발 지침서.
신국판 / 344쪽 / 12,000원

CFO 교텐 토요오 · 타하라 오키시 지음 / 민병수 옮김
일반인들에게 생소한 용어인 CFO, 즉 최고 재무책임자의 역할이 지금까지와는 완전히 달라져야 한다. 기업을 이끌어가는 새로운 키잡이로서의 CFO의 역할, 위상 등을 일본의 기업을 중심으로 하여 알아보고 바람직한 방향을 제시한다. 신국판 / 312쪽 / 12,000원

네트워크시대 네트워크마케팅 임동학 지음
학력, 사회적 지위 등에 관계 없이 자신이 노력한 만큼 돈을 벌 수

있는 네트워크마케팅에 관해 알려주는 안내서.
신국판 / 376쪽 / 12,000원

성공리더의 7가지 조건
다이앤 트레이시 · 윌리엄 모건 지음 / 지창영 옮김
개인과 팀, 조직관계의 개선을 위한 방향제시 및 실천을 위한 안내
자 역할을 해주는 책. 현장에서 활용할 수 있는 실용서.
신국판 / 360쪽 / 13,000원

김종결의 성공창업 김종결 지음
'누구나 창업을 할 수는 있지만 아무나 돈을 버는 것은 아니다' 라는
전제 아래 중견 연기자로서, 음식점 사장님으로 성공한 탤런트 김
종결의 성공비결을 통해 창업전략과 성공전략을 제시한다.
신국판 / 340쪽 / 12,000원

최적의 타이밍에 내 집 마련하는 기술 이원재 지음
부동산을 통한 재테크의 첫걸음 '내 집 마련' 의 결정판. 체계적이고
한눈에 쏙 들어 오는 '내 집 장만 과정' 을 쉽게 풀어놓은 부동산재
테크서. 신국판 / 248쪽 / 10,500원

컨설팅 세일즈 *Consulting sales* 임동학 지음
발로 뛰는 영업이 아니라 머리로 하는 영업이 절실히 요구되는 시대
상황에 맞추어 고객지향의 세일즈, 과제해결 세일즈, 구매자와 공급
자 간에 서로 만족하는 세일즈법 제시. 대국전판 / 336쪽 / 13,000원

연봉 10억 만들기 김농주 지음
연봉으로 말해지는 임금을 재테크 하여 부자가 될 수 있는 방법 제
시. 고액의 연봉을 받기 위해서 개인이 갖추어야 할 실무적 능력,
태도, 마음가짐, 재테크 수단 등을 각 주제에 따라 구체적으로 제시
함으로써 부자를 꿈꾸는 사람들이 그 희망을 이룰 수 있게 해준다.
국판 / 216쪽 / 10,000원

주5일제 근무에 따른 한국형 주말창업 최효진 지음
우리나라 실정에 맞는 주말창업 아이템의 제시 및 창업시 필요한
정보를 얻을 수 있는 곳, 주의해야 할 점, 실전 인터넷 쇼핑몰 창업,
표준사업계획서 등을 수록하여 지금 당장이라도 내 사업을 할 수
있게 해주는 창업 길라잡이서. 신국판 변형 양장본 / 216쪽 / 10,000원

돈 되는 땅 돈 안되는 땅 김영준 지음
부동산 틈새시장에서 성공하는 투자 노하우를 신행정수도 예정지
및 고속철도 역세권 등 투자 유망지역을 중심으로 완벽하게 수록해
놓은 부동산 재테크서. 신국판 / 320쪽 / 13,000원

돈 버는 회사로 만들 수 있는 109가지
다카하시 도시노리 지음 / 민병수 옮김
회사경영에서 경영자가 꼭 알아야 할 기본 사항 수록. 내용이 항목
별로 정리되어 있어 원하는 자료를 바로 찾아 볼 수 있는 것이 최대
의 장점. 이 책을 통해서 불필요한 군살을 빼고 강한 근육질을 가진
돈 버는 회사를 만들어 보자. 신국판 / 344쪽 / 13,000원

프로는 디테일에 강하다 김미현 지음
탄탄하게 자리를 잡은 15군데 중소기업의 여성 CEO들이 회사를 운
영하면서 겪은 어려움, 기쁨 등을 자서전 형식을 빌어 솔직 담백하
게 얘기했다. 예비 창업자들을 위한 조언, 경영 철학, 성공 요인도
담고 있어 창업을 준비하는 사람들에게 도움이 될 것이다.
신국판 / 248쪽 / 9,000원

머니투데이 송복규 기자의 부동산으로 주머니돈 100배 만들기 송복규 지음
재테크 수단으로 새롭게 각광 받고 있는 부동산을 이용한 재산 증
식 방법 수록. 부동산 재료별 특성에 따른 맞춤 투자전략을 제시하
고 알아두면 편리한 부동산 상식도 알려준다. 현직 전문 기자의 예
리한 분석과 최신 정보가 담겨 있는 부동산재테크 가이드서.
신국판 / 328쪽 / 13,000원

성공하는 슈퍼마켓&편의점 창업 나명환 지음
슈퍼마켓이나 편의점을 창업하려고 하는 사람들을 위한 창업 가이
드서. 어느 위치에 얼마만한 크기로, 어떤 상품을 갖추고 어떤 마인
드로 창업하고 영업해야 대형할인점과의 경쟁에서 살아남을 수 있
는지 등을 저자의 실제 경험과 통계, 전문가들의 의견을 바탕으로
상세하게 소개. 4×6배판 변형 / 500쪽 / 28,000원

대한민국 성공 재테크 부동산 펀드와 리츠로 승부하라 김영준 지음
새로운 재테크 수단으로 세간의 관심을 모으고 있는 부동산 펀드와
리츠에 관한 투자 안내서. 리스크 없이 투자에 성공하기 위해서 알
아두어야 할 주의사항, 펀드 및 리츠 관련 상품 설명, 실제로 투자
되고 있는 물건을 수록하여 책을 통해서 실전 투자감각을 익힐 수
있게 하였다. 신국판 / 256쪽 / 12,000원

마일리지 200% 활용하기 박성희 지음
우리 주변에는 마일리지와 관련 있는 다양한 카드가 있다. 신용카
드로부터 시작하여 이동통신사의 멤버십 카드, 캐시백 카드, 각 업
소의 스탬프 카드 등 다양한 종류의 카드가 각기 특성을 가지고 우
리 생활 속에서 이용되고 있다. 잘 알고 활용하면 개인의 주머니 경
제, 가계의 살림에 보탬이 되는 각종 마일리지에 관한 최신 정보를
한 권에 모아 놓았다. 이 책의 내용을 잘 활용하면 새는 돈을 알뜰
살뜰 모으는 길이 보일 것이다. 국판 변형 / 200쪽 / 8,000원

1%의 가능성에 도전, 성공 신화를 이룬 여성 CEO 김미현 지음
탄탄하게 자리를 잡은 15군데 중소기업의 여성 CEO들이 회사를 운
영하면서 겪은 어려움, 기쁨 등을 자서전 형식을 빌어 솔직 담백하
게 얘기했다. 예비 창업자들을 위한 조언, 경영 철학, 성공 요인도
담고 있어 창업을 준비하는 사람들에게 도움이 될 것이다.
신국판 / 248쪽 / 9,500원

3천만 원으로 부동산 재벌 되기 최수길 · 이숙 · 조연희 지음
전세에 머물고 있는 일반 서민들에게 가정의 보금자리인 내 집 마
련의 길을 안내하고 여유자금을 가지고 소액으로도 투자할 수 있는
알짜 재테크 정보를 소개하고 있다. 신국판 / 290쪽 / 12,000원

10년을 앞설 수 있는 재테크 노동규 지음
이 책은 돈이 모아지는 기본적인 구조를 설명하여 우리들의 평범한
삶에 영향을 끼치는 머니 시스템에 대해 알려주고 있다. 때문에 이
제 막 재테크를 시작하는 2, 30대 직장인을 비롯한 주부들에게 바람
직한 재테크 실천전략을 제시하는 책이라 할 수 있다.
신국판 / 260쪽 / 10,000원

세계 최강을 추구하는 도요타 방식
나카가마 키요타카 지음 / 민병수 옮김
'도요타 생산 방식' 의 개발자인 오노 타이이치에게서 전수받은 경
영철학과 실천방안을 소개하고 있다. 끝없이 낭비를 철저하게 제거
하고 고객이 원하는 만큼 생산하여 재고를 최소화하는 JIT(Just-In-
Time)의 진정한 의미, 고객의 최대 만족을 확보하기 위하여 납품 공
정을 최적화하는 딜리버리 설계 등의 기법을 중점적으로 소개한다.
신국판 / 296쪽 / 12,000원

최고의 설득을 이끌어내는 프레젠테이션 조두환 지음
이 책은 직장인들에게 필수적인 프레젠테이션을 어떻게 준비하고
발표해야 하는가에 대한 자세한 답을 제시하고 있다. 클라이언트와
청중을 사로잡는 프레젠테이션을 위해 가장 중요한 청중 분석과 자
료수집에서부터 시청각 기자재 활용, 발표원고 작성, 연습, 질문응
대 요령 등이 천 번 이상의 실전을 치른 저자의 경험을 바탕으로 제
시되고 있다. 승진이나 취업, 새로운 프로젝트를 위해 꼭 필요한 프
레젠테이션을 이 책 한 권이면 완벽하게 끝낼 수 있다.
신국판 / 296쪽 / 11,000원

최고의 만족을 이끌어내는 창의적 협상 조강희 · 조원희 지음
협상에서 손해나 양보, 경쟁적인 관계로써 승자와 패자가 결정된다
고 하면 그것은 잘못된 협상이다. 이 책의 저자들은 오랫동안 변호
사로서 협상관련 컨설팅과 법률자문 등의 실무를 담당해 오면서 그
해답을 모색해 왔으며, 협상에 대한 새로운 이해와 원칙이 요청된
다는 것을 구체적으로 확인하고 정리해 왔다. 이 책에서는 상대를
배려하는 '창의적 협상' 이라는 전략이야말로 협상의 진정한 의미와
원칙, 목적이 실현되는 방식이라는 것을 알려주고 있다.
신국판 / 248쪽 / 10,000원

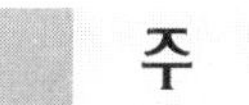

주 식

개미군단 대박맞이 주식투자
홍성걸 (한양증권 투자분석팀 팀장) 지음 / 신국판 / 310쪽 / 9,500원

알고 하자! 돈 되는 주식투자
이길영 외 2명 공저 / 신국판 / 388쪽 / 12,500원

항상 당하기만 하는 개미들의 매도 · 매수타이밍 999% 적중 노하우
강경무 지음 / 신국판 / 336쪽 / 12,000원

부자 만들기 주식성공클리닉
이창희 지음 / 신국판 / 372쪽 / 11,500원

선물 · 옵션 이론과 실전매매
이창희 지음 / 신국판 / 372쪽 / 12,000원

너무나 쉬워 재미있는 주가차트
홍성무 지음 / 4×6배판 / 216쪽 / 15,000원

주식투자 직접 투자로 높은 수익을 올릴 수 있는 비결
저금리 · 고령화 시대를 대비한 개인자산관리의 확실한 방법을 제시
한 책이다. 미국뿐만 아니라 일본, 중국, 홍콩, 대만, 브라질 등의 주
식 시장의 철저한 분석과 데이터화를 통해 한국 주식 시장에 맞는 가
치주를 발굴하고 투자할 수 있는 확실한 성공 전략을 제시한다.
김학균 지음 / 신국판 / 230쪽 / 11,000원

역 학

역리종합 만세력 정도명 편저 / 신국판 / 532쪽 / 10,500원
작명대전 정보국 지음 / 신국판 / 460쪽 / 12,000원
하락이수 해설 이천교 편저 / 신국판 / 620쪽 / 27,000원
현대인의 창조적 관상과 수상 백운산 지음 / 신국판 / 344쪽 / 9,000원
대운용신영부적 정재원 지음 / 신국판 양장본 / 750쪽 / 39,000원
사주비결활용법 이세진 지음 / 신국판 / 392쪽 / 12,000원
컴퓨터세대를 위한 新 성명학대전 박용찬 지음 / 신국판 / 388쪽 / 11,000원
길흉화복 꿈풀이 비법 백운산 지음 / 신국판 / 410쪽 / 12,000원
새천년 작명컨설팅 정재원 지음 / 신국판 / 492쪽 / 13,900원
백운산의 신세대 궁합 백운산 지음 / 신국판 / 304쪽 / 9,500원
동자삼 작명학 남시모 지음 / 신국판 / 496쪽 / 15,000원
구성학의 기초 문길여 지음 / 신국판 / 412쪽 / 12,000원

법률 일반

여성을 위한 성범죄 법률상식
조명원(변호사) 지음 / 신국판 / 248쪽 / 8,000원

아파트 난방비 75% 절감방법
고영근 지음 / 신국판 / 238쪽 / 8,000원

일반인이 꼭 알아야 할 절세전략 173선
최성호(공인회계사) 지음 / 신국판 / 392쪽 / 12,000원

변호사와 함께하는 부동산 경매
최환주(변호사) 지음 / 신국판 / 404쪽 / 13,000원

혼자서 쉽고 빠르게 할 수 있는 소액재판
김재용 · 김종철 공저 / 신국판 / 312쪽 / 9,500원

"술 한 잔 사겠다"는 말에서 찾아보는 채권 · 채무
변환철(변호사) 지음 / 신국판 / 408쪽 / 13,000원

알기쉬운 부동산 세무 길라잡이
이건우(세무서 재산계장) 지음 / 신국판 / 400쪽 / 13,000원

알기쉬운 어음, 수표 길라잡이
변환철(변호사) 지음 / 신국판 / 328쪽 / 11,000원

제조물책임법
강동근(변호사) · 윤종성(검사) 공저 / 신국판 / 368쪽 / 13,000원

알기 쉬운 주5일근무에 따른 임금 · 연봉제 실무
문강분(공인노무사) 지음 / 4×6배판 변형 / 544쪽 / 35,000원

변호사 없이 당당히 이길 수 있는 형사소송
김대환 지음 / 신국판 / 304쪽 / 13,000원

변호사 없이 당당히 이길 수 있는 민사소송
김대환 지음 / 신국판 / 412쪽 / 14,500원

혼자서 해결할 수 있는 교통사고 Q&A
조명원(변호사) 지음 / 신국판 / 336쪽 / 12,000원

알기 쉬운 개인회생 · 파산 신청법 최재구(법무사) 지음
이 책은 본의아니게 과중채무로 고통받고 있는 사람들을 위해 쓰여
진 책이다. 이 책에서는 현재 시행되고 있는 개인 워크아웃제도와
배드뱅크제도에 대해서도 상세히 소개하고 있다. 또한 이 제도를
신청하는 방법에 대해서 상세히 설명하고 있다.
신국판 / 352쪽 / 13,000원

생활법률

부동산 생활법률의 기본지식
대한법률연구회 지음 / 김원중(변호사) 감수 / 신국판 / 480쪽 / 12,000원

고소장 · 내용증명 생활법률의 기본지식
하태웅(변호사) 지음 / 신국판 / 440쪽 / 12,000원

노동 관련 생활법률의 기본지식
남동희(공인노무사) 지음 / 신국판 / 528쪽 / 14,000원

외국인 근로자 생활법률의 기본지식
남동희(공인노무사) 지음 / 신국판 / 400쪽 / 12,000원

계약작성 생활법률의 기본지식
이상도(변호사) 지음 / 신국판 / 560쪽 / 14,500원

지적재산 생활법률의 기본지식
이상도(변호사) · 조의제(변리사) 공저 / 신국판 / 496쪽 / 14,000원

부당노동행위와 부당해고 생활법률의 기본지식
박영수(공인노무사) 지음 / 신국판 / 432쪽 / 14,000원

주택 · 상가임대차 생활법률의 기본지식
김운용(변호사) 지음 / 신국판 / 480쪽 / 14,000원

하도급거래 생활법률의 기본지식
김진홍(변호사) 지음 / 신국판 / 440쪽 / 14,000원

이혼소송과 재산분할 생활법률의 기본지식
박동섭(변호사) 지음 / 신국판 / 460쪽 / 14,000원

부동산등기 생활법률의 기본지식
정상태(법무사) 지음 / 신국판 / 456쪽 / 14,000원

기업경영 생활법률의 기본지식
안동섭(단국대 교수) 지음 / 신국판 / 466쪽 / 14,000원

교통사고 생활법률의 기본지식
박정무(변호사) · 전병찬 공저 / 신국판 / 480쪽 / 14,000원

소송서식 생활법률의 기본지식
김대환 지음 / 신국판 / 480쪽 / 14,000원

호적 · 가사소송 생활법률의 기본지식
정주수(법무사) 지음 / 신국판 / 516쪽 / 14,000원

상속과 세금 생활법률의 기본지식
박동섭(변호사) 지음 / 신국판 / 480쪽 / 14,000원

담보 · 보증 생활법률의 기본지식
류창호(법학박사) 지음 / 신국판 / 436쪽 / 14,000원

소비자보호 생활법률의 기본지식
김성천(법학박사) 지음 / 신국판 / 504쪽 / 15,000원

판결 · 공정증서 생활법률의 기본지식
정상태(법무사) 지음 / 신국판 / 312쪽 / 13,000원

처 세

성공적인 삶을 추구하는 여성들에게 우먼파워
조안 커너 · 모이라 레이너 공저 / 지창영 옮김
사회의 여성을 향한 냉대와 편견의 벽을 깨뜨리고 성공적인 삶을
이루려는 여성들이 갖추어야 할 자세 및 삶의 이정표 제시!!
신국판 / 352쪽 / 8,800원

聽 이익이 되는 말 話 손해가 되는 말
우메시마 미요 지음 / 정성호 옮김
직장이나 집안에서 언제나 주고받는 일상의 화제를 모아 실음으로
써 대화의 참의미를 깨닫고 비즈니스를 성공적으로 이끌기 위한 대
화술을 키우는 방법 제시!! 신국판 / 304쪽 / 9,000원

성공하는 사람들의 화술테크닉 민영욱 지음
개인간의 사적인 대화에서부터 대중을 위한 공적인 강연에 이르기
까지 어떻게 말하고 어떻게 스피치를 할 것인가에 관한 지침서.
신국판 / 320쪽 / 9,500원

부자들의 생활습관 가난한 사람들의 생활습관
다케우치 야스오 지음 / 홍영의 옮김
경제학의 발상을 기본으로 하여 사람들이 살아가면서 생활에서 생

각해 볼 수 있는 이익을 보는 생활습관과 손해를 보는 생활습관을 수록, 독자 자신에게 맞는 생활습관의 기본 전략을 설계할 수 있도록 제시. 신국판 / 320쪽 / 9,800원

코끼리 귀를 당긴 원숭이-히딩크식 창의력을 배우자 강충인 지음
코끼리와 원숭이의 우화를 히딩크의 창조적 경영기법과 리더십에 대비하여 자기혁신, 기업혁신을 꾀하는 창의력 개발법을 제시.
신국판 / 208쪽 / 8,500원

성공하려면 유머와 위트로 무장하라 민영욱 지음
21세기에 들어 새로운 추세를 형성하고 있는 말 잘하기. 이러한 추세에 맞추어 현재 스피치 강사로 활약하고 있는 저자가 말을 잘하는 방법과 유머와 위트를 만들고 즐기는 방법을 제시한다.
신국판 / 292쪽 / 9,500원

등소평의 오뚝이전략 조창남 편저
중국 역사상 정치 · 경제 · 학문 등의 분야에서 최고 위치에 오른 리더들의 인재활용, 상황 극복법 등 처세 전략 · 전술을 통해 이 시대의 성공인으로 자리매김하는 해법 제시. 신국판 / 304쪽 / 9,500원

노무현 화술과 화법을 통한 이미지 변화 이현정 지음
현재 불교방송에서 활동하고 있는 이현정 아나운서의 화술 길라잡이서. 노무현 대통령의 독특한 화술과 화법을 통해 리더로서, 성공인으로서 갖추어야 할 화술 화법을 배우는 화술 실용서.
신국판 / 320쪽 / 10,000원

성공하는 사람들의 토론의 법칙 민영욱 지음
다양한 사람들의 다양한 욕구를 하나로 응집시키는 수단으로 등장하고 있는 토론에 관해 간단하고 쉽게 제시한 토론 길라잡이서.
신국판 / 280쪽 / 9,500원

사람은 칭찬을 먹고산다 민영욱 지음
현대에서 성공하는 사람으로 남기 위해서는 남을 칭찬할 줄도 알아야 한다. 성공하는 사람이 되기 위해서 알아야 할 칭찬 스피치의 기법, 특징 등을 실생활에 적용해 설명해놓은 성공처세 지침서.
신국판 / 268쪽 / 9,500원

사과의 기술 김농주 지음
미안하다는 말에 인색한 한국인들에게 'I'm sorry.'가 성공을 위한 처세 기법으로 다가온다. 직장, 가정 등 다양한 환경에서 사과 한마디의 의미, 기능을 알아보고 효율성을 가진 사과가 되기 위해 갖추어야 할 조건을 제시한다. 신국판 변형 양장본 / 200쪽 / 10,000원

취업 경쟁력을 높여라 김농주 지음
각 기업별 특성 및 취업 정보 분석과 예비 취업자의 능력 개발, 자신의 적성에 맞는 직종과 직장 잡는 법을 상세하게 수록.
신국판 / 280쪽 / 12,000원

유미퀴디스시대의 블루오션 전략 최상진 지음
나날이 치열해지는 경쟁 환경 속에서 최후의 웃는 사람이 되기 위해서는 시대의 흐름에 빨리 적응하고, 정보를 신속하게 받아들이며, 남과는 다른 뛰는 행동을 해야 한다고 지지는 주장한다. 유비퀴터스시대를 맞아 생존 경쟁에서 살아남는 지혜, 전략을 현실 점검을 바탕으로 세우는 방법 제시. 신국판 / 248쪽 / 10,000원

나만의 블루오션 전략-화술편 민영욱 지음
모든 사람과의 관계에는 대화가 있게 마련이다. 특히 직장인이나 비즈니스를 하는 CEO들은 더욱 절실히 느낄 것이다. 이 책에는 일반적으로 나누는 대화의 기법부터 좀더 부드러운 분위기를 위한 유머화술의 기법까지 총망라하여 성공된 리더가 될 수 있는 방법을 제시한다. 신국판 / 254쪽 / 10,000원

희망의 씨앗을 뿌리는 20대를 위하여 우광균 지음
이 책은 예측대로 살아지지 않는 인생에 이제 막 발을 들여놓은 사회 초년생에게 인생의 지침이 되어줄 조언이 담겨 있다. 저자 자신이 경험한 실제 사례들을 통해 우리가 일상에서 쉽게 접하는 모든 일들을 어떻게 받아들이고 또 얻을 수 있는 것은 무엇인지 알려주고 있다.
신국판 / 172쪽 / 8,000원

끌리는 사람이 되기위한 이미지 컨설팅 홍순아 지음
비주얼 시대에는 필요한 순간에 필요한 이미지를 정확하게 표출할 수 있어야 성공적인 인생을 살아갈 수 있다. 그러므로 자신만의 이미지를 만드는 것은 이 시대 가장 큰 경쟁력이다. 이 책은 자연스럽게, 때로는 전략적으로, 자신만의 이미지를 다듬고 만드는 방법을 알기 쉽게 제시하고 있다. 대국전판 / 194쪽 / 10,000원

명 상

명상으로 얻는 깨달음 달라이 라마 지음 / 지창영 옮김
티베트의 정신적 지도자이자 실질적 지도자인 달라이 라마의 수많은 가르침 가운데 현대인에게 필요해지고 있는 인내에 대한 이야기.
국판 / 320쪽 / 9,000원

어 학

2진법 영어 이상도 지음 / 4×6배판 변형 / 328쪽 / 13,000원

한 방으로 끝내는 영어 고제윤 지음 / 신국판 / 316쪽 / 9,800원

한 방으로 끝내는 영단어 김승엽 지음 / 김수경 · 카렌다 감수 /
4×6배판 변형 / 236쪽 / 9,800원

해도해도 안 되던 영어회화 하루에 30분씩 90일이면 끝낸다
Carrot Korea 편집부 지음 / 4×6배판 변형 / 260쪽 / 11,000원

바로 활용할 수 있는 기초생활영어
김수경 지음 / 신국판 / 240쪽 / 10,000원

바로 활용할 수 있는 비즈니스영어
김수경 지음 / 신국판 / 252쪽 / 10,000원

생존영어55 홍일록 지음 / 신국판 / 224쪽 / 8,500원

필수 여행영어회화 한현숙 지음 / 4×6판 변형 / 328쪽 / 7,000원

필수 여행일어회화 윤영자 지음 / 4×6판 변형 / 264쪽 / 6,500원

필수 여행중국어회화 이은진 지음 / 4×6판 변형 / 256쪽 / 7,000원

영어로 배우는 중국어 김승엽 지음 / 신국판 / 216쪽 / 9,000원

필수 여행스페인어회화 유연창 지음 / 4×6판 변형 / 288쪽 / 7,000원

바로 활용할 수 있는 홈스테이 영어
김형주 지음 / 신국판 / 184쪽 / 9,000원

레포츠

수열이이 브라질 축구 탑방 삼바 축구, 그들은 강하다
이수열 지음 / 신국판 / 280쪽 / 8,500원

마라톤, 그 아름다운 도전을 향하여
빌 로저스 · 프리실라 웰치 · 조 렌디슨 공저 /
오인환 감수 / 지창영 옮김 / 4×6배판 / 320쪽 / 15,000원

퍼팅 메커닉 이근택 지음
감각에 의존하는 기존 방식의 퍼팅은 이제 그만!!
저자 특유의 과학적 이론을 신체근육 운동학에 접목시켜 몸의 무리를 최소한으로 덜고 최대한의 정확성과 거리감을 갖게 하는 새로운 퍼팅 메커닉 북. 4×6배판 변형 / 192쪽 / 18,000원

아마골프 가이드 정영호 지음
골프를 처음 시작하는 모든 아마추어 골퍼를 위해 보다 쉽고 빠르게 이해할 수 있도록 내용이 구성된 아마골프 레슨 프로그램서.
4×6배판 변형 / 216쪽 / 12,000원

인라인스케이팅 100%즐기기 임미숙 지음
레저 문화에 새로운 강자로 자리매김하고 있는 인라인 스케이팅을 안전하고 재미있게 즐길 수 있도록 알려주는 인라인 스케이팅 지침서. 각단계별 동작을 한눈에 알아볼 수 있도록 세부 동작별 일러스트 수록. 4×6배판 변형 / 172쪽 / 11,000원

배스낚시 테크닉 이종건 지음
현재 한국배스스쿨에서 강사로 활약하고 있는 아마추어 배스 낚시꾼과 중급 수준의 배스 낚시꾼들이 자신의 실력을 한 단계 업그레이드 시킬 수 있도록 루어의 활용, 응용법 등을 상세하게 해설.
4×6배판 / 440쪽 / 20,000원

나도 디지털 전문가 될 수 있다!!! 이승훈 지음
깜찍한 디자인과 간편하게 휴대할 수 있다는 장점 때문에 새로운 생활필수품으로 자리를 잡아가고 있는 디카 · 디캠을 짧은 시간 안

에 쉽게 배울 수 있도록 해놓은 초보자를 위한 디카 · 디캠 길라잡
이서. 4×6배판 / 320쪽 / 19,200원

스키 100% 즐기기 김동환 지음
스키 인구의 확산 추세에 따라 스키의 기초 이론 및 기본 동작부터
상급의 기술까지 단계별 동작을 전문가의 동작사진을 곁들여 내용
구성. 4×6배판 변형 / 184쪽 / 12,000원

태권도 총론 하웅의 지음
우리의 국기 태권도에 관한 실용 이론서. 지도자가 알아야 할 사항,
태권도장 운영이론, 응급처치법 및 태권도 경기규칙 등 필수 내용
만 수록. 4×6배판 / 288쪽 / 15,000원

건강하고 아름다운 동양란 기르기 난마을 지음
동양란 재배의 첫걸음부터 전시회 출품까지 동양란의 모든 것 수
록. 동양란의 구조 · 특징 · 종류 · 감상법, 꽃대 관리 · 꽃 피우기 ·
발색 요령 등 건강하고 아름다운 동양란 만들기로 구성.
4×6배판 변형 / 184쪽 / 12,000원

수영 100% 즐기기 김종만 지음
물 적응하기부터 수영용품, 수영과 건강, 응용수영 및 고급 수영기
술에 이르기까지 주옥 같은 수중촬영 연속사진으로 자세히 설명해
주는 수영기법 Q&A. 4×6배판 변형 / 248쪽 / 13,000원

애완견114 황양원 엮음
애완견 길들이기, 애완견의 먹거리, 멋진 애완견 만들기, 애완견의
질병 예방과 건강, 애완견의 임신과 출산, 애완견에 대한 기타 관리
등 애완견을 기를 때 반드시 알아야 할 내용 수록.
4×6배판 변형 / 228쪽 / 13,000원

건강을 위한 웰빙 걷기 이강옥 지음
건강 운동으로서 많은 사람들의 관심을 모으고 있는 걷기운동을 상
세하게 설명. 걷기시 필요한 장비, 올바른 걷기 자세를 설명하고 고
혈압 · 당뇨병 · 비만증 · 골다공증 등 성인병과 관련해 걷기운동을
했을 때 얻을 수 있는 효과를 수록하여 성인병을 예방하고 치료할
수 있도록 하였다. 대국전판 / 280쪽 / 10,000원

우리 땅 우리 문화가 살아 숨쉬는 옛터 이형권 지음
우리나라에서 가장 가보고 싶은 역사의 현장 19곳을 선정, 그 터에
어린 조상의 숨결과 역사적 증언을 만날 수 있는 시간 제공. 맛있는
집, 찾아가는 길, 꼭 가봐야 할 유적지 등 핵심 내용 선별 수록.
대국전판 올컬러 / 208쪽 / 9,500원

아름다운 산사 이형권 지음
우리나라의 대표적인 산사를 찾아 계절 따라 산사가 주는 이미지,
산사가 안고 있는 역사적 의미를 되새겨 본다. 동시에 산사를 찾음
으로써 생활에 찌든 현대인들이 삶의 활력을 되찾는 시간을 갖게
한다. 대국전판 올컬러 / 208쪽 / 9,500원

골프 100타 깨기 김준모 지음
읽고 따라 하기만 해도 100타를 깰 수 있는 골프의 전략 · 전술의 비법
공개. 뛰어난 골프 실력은 올바른 그립과 어드레스에서 비롯됨을 강조
한 초보자를 위한 실전 골프 지침서.. 4×6배판 변형 / 136쪽 / 10,000원

쉽고 즐겁게! 신나게! 배우는 재즈댄스 최재선 지음
몸치인 사람도 쉽게 따라 하고 배우는 재즈댄스 안내서. 이 책에 실
려 있는 기본 동작을 익혀 재즈댄스를 하면 생활 속의 긴장과 스트
레스를 털어버리고 활력을 되찾을 수 있으며, 다이어트 효과도 얻
을 수 있다. 4×6배판 변형 / 200쪽 / 12,000원

맛과 멋이 있는 낭만의 카페 박성찬 지음
가족끼리, 연인끼리 추억을 만들고 행복한 시간을 보낼 수 있는 서
울 근교의 카페를 엄선하여 소개. 카페에 대한 인상 및 기본 정보,
인근 볼거리 등도 함께 수록하여 손 안의 인터넷 정보서가 될 수 있
게 했다. 대국전판 올컬러 / 168쪽 / 9,900원

한국의 숨어 있는 아름다운 풍경 이종원 지음
우리나라의 숨어 있는 아름다운 풍경을 찾아 소개하는 여행서. 저
자의 여행 감상과 먹거리, 볼거리, 사람 사는 이야기가 담겨 있어
안내서라기보다는 답사기라고 할 수 있다. 서정과 사진이 풍부하게
담겨 있는 그곳에 가고 싶다 시리즈 4번째 책.
대국전판 올컬러 / 208쪽 / 9,900원

사람이 있고 자연이 있는 아름다운 명산 박기성 지음
산을 좋아하는 사람들을 위한 산 안내서. 한번쯤 가보면 좋을 산을
엄선하여 그 산이 갖는 매력을 서정성 짙은 글로 풀어 놓았다. 가는
방법과 둘러 보아야 할 곳도 덤으로 설명.
대국전판 올컬러 / 176쪽 / 12,000원

마음의 고향을 찾아가는 여행 포구 김인자 지음
일상 생활에서 벗어나고 싶다면 우리 국토의 진정한 아름다움을 느
끼게 해주는 포구로 가보자. 그 곳에서 사람냄새, 자연이 어우러진
역동성에 삶의 의욕을 되찾을 수 있을 것이다. 시인이자 여행가인
김인자 님이 소개하는 가볼 만한 대표적인 포구 20곳 수록. 볼거리,
먹거리와 함께 서정성 넘치는 글로 포구의 낭만, 삶의 현장을 소개.
대국전판 올컬러 / 224쪽 / 14,000원

골프 90타 깨기 김광섭 지음
90타를 깨고 싱글로 진입할 수 있게 해주는 실전 골프 테크닉서. 스
트레칭, 세트 업, 드라이버 스윙, 샷, 어프로치, 퍼팅, 벙커 샷 등의
스윙 원리를 요점을 짚어 정리해 놓았으므로 골퍼 자신의 잘못된
스윙을 바로잡는 데 많은 도움이 될 것이다. 또한 연습장에서 스윙
연습을 하는 방법도 수록해 골프의 재미를 한층 더 배가시켜 즐길
수 있게 하였다. 4×6배판 변형 / 148쪽 / 11,000원

생명이 살아 숨쉬는 한국의 아름다운 강 민병준 지음
물놀이를 하는 아이들, 재첩을 잡는 사람들, 두물머리에 서 있는 연
인들. 이 모습은 우리나라의 강변에서 볼 수 있는 정겨운 장면이다.
우리나라의 대표적인 강 15곳을 엄선하여 찾아가는 법, 먹거리, 잘
곳 등을 함께 수록. 또한 강과 연관 있는 인근의 볼거리를 수록하여
가족이나 연인 사이에는 추억을 만들고, 자녀와는 역사공부도 할
수 있게 내용을 아기자기 하게 꾸민 강 여행서.
대국전판 올컬러 / 168쪽 / 12,000원

틈나는 대로 세계여행 김재관 지음
다른 나라를 알고 다른 문화를 알고자 하는 노력은 결국 내 자신의
정신세계를 풍요롭게 하는 일이다. 그리고 여행이 정신세계를 풍요
롭게 하는 데 좋은 도구가 될 수 있다. 이 책에는 도전과 모험을 꿈
꾸는 사람이라면 한 번은 가보아야 할 세계의 오지에 대한 이야기
가 실려 있다. 저자가 엄선한 28개국의 오지에 대한 감상, 교통편,
알아두면 편리한 상식 등이 수록되어 있으므로 여행지에 대한 사전
지식을 쌓는 데 많은 도움이 될 것이다.
4×6배판 변형 올컬러 / 368쪽 / 20,000원

KLPGA 최여진 프로의 센스 골프 최여진 지음
KLPGA 출신 처음으로 쓴 골프 길라잡이. 신체 조건이나 골프채의
길이 또는 무게, 스윙 등 기초에서부터 기술적인 부분까지 미세하
게 다른, 그동안 필자가 골프를 하면서 여성으로서 느꼈던 애로사
항과 노하우를 담아 모든 골프 마니아들에게 실질적인 도움을 주고
스코어를 줄일 수 있는 해답을 찾게 해줄 것이다.
4×6배판 변형 올컬러 / 192쪽 / 13,900원

해양스포츠 카이트보딩 김남용 편저
국내 유일의 카이트보딩 자격증 소지자가 소개하는 국내 최초의 카
이트보딩 안내서. 친절한 안내와 기술 향상을 위한 지식을 담고 있어
초보자에서 마니아에 이르기까지 훌륭한 동반자가 되어줄 것이다.
신국판 올컬러 / 152쪽 / 18,000원

KTPGA 김준모 프로의 파워 골프 김준모 지음
골프의 기원과 역사를 비롯하여 골프의 기본 기술을 체계적으로 숙
달할 수 있는 효과적인 연습법, 골퍼에게 필요한 기본 상식들을 모
두 수록하였다. 골프를 더욱더 깊이 이해하고 골프를 즐기고 골프
를 통하여 삶의 활력소를 얻을 수 있을 뿐만 아니라, 진정한 골퍼로
서 거듭날 기회를 제공해줄 것이다.
4×6배판 변형 올컬러 / 192쪽 / 13,900원

골프 80타 깨기 오태훈 지음
80타를 깨고 70타로 진입하겠다는 목표를 세운 골퍼들을 대상으로
스윙의 이론적 풀이보다는 여러 가지 상황에서 위기를 모면할 수
있도록 도와주는 기술과 깨끗한 마무리, 전체적인 스코어를 낮추는
데에 중점을 둔 싱글을 위한 실전 골프 테크닉서로, 이 책만 따라하
면 최고의 골퍼를 향한 목표에 도달할 수 있을 것이다.
4×6배판 변형 / 132쪽 / 10,000원

신나는 골프 세상 유응열 지음
MBC-ESPN 골프해설위원 유응열 프로가 쓴 골프의 모든 것이 담겨
있다. 아마추어에서 비기너, 싱글 수준의 골퍼에 이르기까지 이 책
을 보면서 하루에 한 가지씩 배우고 익힐 수 있도록 하였다.
4×6배판 변형 올컬러 / 232쪽 / 16,000원

풍경 속을 걷는 즐거움 명상 산책 김인자 지음
우리나라의 사계절 걷기 좋은 곳 21곳 수록. 걸으면서 사색을 즐기
고 싶은 사람에게 추천할 만한 책이다. 특히 느림과 침묵에 굶주려
있는 도시인들에게 두 발의 건강한 노동인 걷는 즐거움을 줄 수 있
는 책이다. 대국전판 올컬러 / 224쪽 / 14,000원

최고의 만족을 이끌어내는
창의적 협상

2006년 7월 10일 제1판 1쇄 발행
2009년 12월 31일 제1판 7쇄 발행

지은이/조강희 · 조원희
펴낸이/강선희
펴낸곳/가림출판사

등록/1992. 10. 6. 제4-191호
주소/서울시 광진구 구의동 57-71 부원빌딩 4층
대표전화/458-6451   팩스/458-6450
홈페이지/ www.galim.co.kr
전자우편/galim@galim.co.kr

값 10,000원

저자와의 협의하에 인지를 생략합니다.

ISBN 978-89-7895-243-9 13320